곽준상 전도 내비게이션

전도에 날개를 달아라

| 곽준상 지음 |

쿰란출판사

추천사

곽준상 장로님이 드디어 일을 냈다. 한국 최고의 마케팅 전문가가 어느 날 목숨 건 전도자가 되어 마케팅과 전도를 접목시킨 사상 최초의 책을 냈기 때문이다. 마케팅에 관한 책은 많다. 전도에 대한 책도 많다. 그러나 교회생활에 생소한 분야인 마케팅을 전도와 연관시키는 일은 쉽지 않은 일이다.

마케팅 전문가 조지 바나(George Barna)도 "마케팅이 뛰어난 교회가 성장한다"고 했다. 물론 이 경우의 마케팅은 복음의 값싼 상업주의를 말하는 것이 아니다. 소비자들의 마음을 헤아려 더 효율적이고 생산적인 복음 전도의 방법을 실행하는 과정을 말한다.

곽준상 장로는 이 일에 가장 적합한 한국교회의 숨은 자원 중의 하나다. 먼저 그는 40년간 마케팅 전문가로 일했다. 한국의 유수한 기업 중 그가 강의하지 않았거나 영향을 끼치지 않은 기업은 거의 없다. 다음으로 그는 복음의 진수를 "별세"로 설명한 이중표 목사님의 가장 가까운 제자이다. 25년간 한신교회 장로로 일하면서 이중표 목사님의 인격과 사역, 특히 복음의 열정을 배웠다.

이중표 목사님이 돌아가시자 그는 분당 한신교회에서 한편으로 기도하고 한편으로는 전도함으로 별세의 삶을 몸소 실천했다. "내가 예수 안에서 죽고 다시 살았으니 이제 내가 할 일은 생명을 살리는 일이다." 이것이 그가 그의 스승 이중표 목사에게 진 빚이요 예수님의 제자로 사는 삶이라고 그는 믿었다.

　이 책은 그의 깊은 고민과 고백, 그리고 넓은 연구와 구체적인 실천이 어우러져 생겨난 전도의 실사구시적인 작품이다. 그가 평생 해왔던 마케팅이 예수님의 제자로 사는 별세와 만나면 어떻게 전도로 나타나는가를 보여준 책이다. 이 책을 통해 우리는 전도의 효과적인 방법과 우리로 하여금 영적인 잠에서 깨어나 전도자로 다시 출발하게 하는 수많은 감동적인 실례들을 만난다. 그 탁월한 이론과 실천이 침체해 가는 한국교회를 향한 하나님의 부흥을 사모하는 모든 분들에게 해답이 되기를 바라며 기쁘게 추천한다.

2016년 2월 15일
이윤재 목사(분당한신교회)

추천사

나는 신학교를 졸업하고 불러주는 교회가 없어 부목사 생활을 한 번도 못했다. 그래서 맨손, 맨몸, 맨땅으로 서울 가락동 지하 23평 상가에서 개척을 했을 때 아무런 대책이 없었다. 교회 시스템이나 조직, 전도 프로그램 등 아는 것이 하나도 없었다. 오직 성경, 오직 기도, 오직 사명뿐이었다. 그래서 혼자 조용히 성경을 묵상하거나 기도 중에 떠오르는 아이디어들을 가지고 목회를 하고 있었다. 그러니까 시행착오를 많이 할 수밖에 없었다. 전혀 모르는 사람을 만나 처음부터 복음을 전하는 것이 여간 어려운 일이 아니었다.

그러던 중에 당시 곽준상 장로님이 인도하시는 세일을 주제로 하는 판매대학 세미나 소식을 듣게 되었다. 곽 장로님은 미국 브리태니커 회사에 입사하여 1년 만에 국제인이 되었고, 그 후 1년 만에 54개국에서 세계 판매왕으로 국제세일즈 챔피언 타이틀을 획득할 정도로 마케팅의 천재다. 그 후 한국세일즈 훈련본부, 한국판매대학을 세워 삼성, 현대, LG, SK 등 4,322여 개 회사에서 강의를 하였고, 10개 대학에서 MBA 및 마케팅 강의를 하였다.

당시 전도 세미나도 아니었지만 나는 무조건 가서 장로님의 강의를 처음부터 끝까지 들었다. 내 기억으로 4박 5일이나 되는 기간이었지만 한 타임도 놓치지 않고 들었다. 그때 장로님께서는 내가 개척교회 목사인 줄 아시고 기회가 되는 대로 세일을 전도와 연결하여 많은 부분을 적용해 주셨다. 다른 수강자들에게 실례를 무릅쓰면서까지도. 개척교회 목사인 나에게 당시 얼마나 많은 도움이 되었는지 모른다. 그 결과 나는 지금 4만여 명의 성도 부흥을 이루며 행복한 목회를 하고 있다. 그리고 장로님은 그 후로도 국내 수많은 교회에서 전도 집회를 하며 복음 전도를 위한 선한 영향력을 행사하고 있다. 훗날 우리 교회에서도 감동적인 전도집회를 한 적이 있다.

세계 제일의 판매 실적, 한국 최다 강의기록 보유, 한신교회 5년 연속 전도왕, 교단 총회 2년간 전도 우수상, 한국 최고의 명강사 선정, 32권의 마케팅 저서 등 모든 마케팅의 노하우를 담아 한 권의 전도책을 집필하셨다. 특히 장로님은 탁상의 이론만 기술한 것이 아니라 직접 전도 현장을 다니시면서 임상적으로 실험한 최고의 전도 전략을 소개하였다.

이 책은 누가 읽어도 쉽게 이해하고 적용할 수 있는 최고의 전도서이며, 초신자들이 읽어도 바로 현장에 적용할 수 있는 책이다. 아니, 개척교회 목회자들이 읽으면 가슴이 뜨거워질 것이고 전도에 대한 새로운 도전을 받고 당장 현장으로 뛰어나가게 될 것이다. 이런 책을 내주신 곽준상 장로님께 감사드리며, 부디 이 책이 침체에 빠진 한국교회를 살리고 다시 전도의 불씨가 살아나는 데 귀한 도구로 쓰임 받기를 바란다.

2016년 2월 15일
소강석 목사(새에덴교회)

추천사

바울은 예수를 만난 후 그칠 줄 모르는 선교 열정으로 그 당시 지구를 세 바퀴나 돌면서 복음을 전파하고 교회를 세워나갔다. 그 신앙의 강행군은 누구라도 감히 흉내 낼 수 없을 것이다. 특히 선교 130년을 지나면서 선교 열정이 식어가고 있다는 비판에 직면한 한국교회는 경건의 모양만 있지 참된 경건은 찾아보기 어렵게 되었다.

이런 때일수록, 한평생 복음전파 사역에 헌신하고 세상을 떠난 이중표 목사의 영성이 그리워진다. 한 영혼을 위해 최선을 다하라는 그의 외침이 지워지지 않고 두루 영향을 미치고 있다는 것은 그가 섬기던 분당한신교회의 곽준상 장로를 보면 알 수 있다.

요즘 전도 강사로 활발한 활동을 하고 있는 곽 장로는 이중표 목사를 통해 배운 구원의 감격과 복음에 대한 열정을 소중하게 간직하고, 그 자신도 많은 사람들을 하나님께 인도하는 일에 최선을 다하고 있다. 여러 교회에서 진행된 그의 전도 강의를 통해 감동을 받은 사람들이 앞다투어 전도의 현장으로 달려가고 있다고 한다.

이런 곽 장로가 전도를 할 수 있는 영성을 회복시키고 그 방법과 기술을 습득할 수 있는 책을 "전도에 날개를 달아라"는 제목으로 펴내었다. 이 책은 좀더 효과적으로 전도하기를 원하는 이들에게 훌륭한 길잡이 역할을 하게 되리라고 기대된다.

저자인 곽 장로는 돌아가신 이중표 목사를 잘 모셨고, 지금은 정년은퇴를 했으나 분당한신교회의 이윤재 목사를 잘 협력하여, 교회의 안정을 꾀한 지도력을 겸비한 분이다. 아무쪼록 곽 장로의 이 책이 많이 읽혀져 한국교회의 사그라져가는 전도의 불씨를 다시금 타오르게 하는 역할을 감당하기를 바란다.

2016년 2월 15일
전병금 목사(강남교회)

추천사

저는 곽준상 장로님을 한신교회에서 여러 번 만났습니다. 그는 마케팅에 탁월한 지식을 가진 분으로 한국 기업, 정부, 연구단체, 대학에서 앞다투어 초청하는 유명강사였습니다. 또한 그는 마케팅이론과 세일즈기법으로 전도현장에 뛰어들어 5년 연속 전도왕과 교단에서 2년간 전도우수상을 받은 전도의 프로페셔널로서, 전도강사로서 체험한 살아 있는 지식을 통해 전도책을 쓰게 되었습니다.

이 책을 통해 하나님께서 곽준상 장로님을 각별히 사랑하심을 알 수 있었습니다. 마케팅 전도법의 놀라운 영감과 지혜를 주셨으니 말입니다. 곽 장로님은 젊은 시절 판매왕으로 명성을 떨치셨습니다. 이제 주 안에서 복음의 판매왕이 되어 수많은 영혼을 살려 하나님께는 영광이요 한국교회의 자랑입니다.

집필한 《전도에 날개를 달아라》는 놀라운 많은 전도 비법들이 담겨 있습니다. 할 수 있고 하면 되겠구나라는 믿음과 자신감을 갖게 해주고 열정적인 전도인으로 또한 용기 있고 끈기 있는 전도인으로 재탄생되게 해줍니다. 이 책은 특별히 어떤 사람을 만나야 하고, 처음에 뭐라고 말해야 하고 예수 믿게 하려면 무슨 말을 해야 하고, 거절하거나 반대하면 어떻게 처리해야 하고, 전도의 마무리는 어떻게 해야 하는지의 요령과 기법을 가르쳐줍니다.

이처럼 전도를 잘 할 수 있는 방법들이 많이 있습니다. 이 책대로 하면 어떤 영혼도 구원받게 될 것입니다. 아무쪼록 전도와 교회 성장이 정체된 이 시대에 곽 장로님의 책이 전도의 내비게이션이 되어 신명나는 전도의 르네상스가 전개되기를 소망합니다.

2016년 2월 15일

장경동 목사 (대전중문교회)

추천사

저는 한신교회가 주최하는 전국 목회자 세미나의 강사로 출강하여 저자 곽준상 장로님을 만나게 되었습니다. 그분과의 대화에서 특히 관심과 흥미가 있었던 부분은 세계 판매왕이었다는 것과 매년 전도왕을 5년간 계속하고 있다는 점입니다. 1년 후 그의 저서를 대하면서 이제까지 많은 전도서에서 전혀 볼 수 없었던 독특한 전도방법을 보게 됩니다.

마케팅 전도법 외에 농부 전도법, 어부 전도법, 사복음서를 통한 예수님의 전도법, 젊은 시절 한 여인을 짝사랑했던 것, 고백으로 아름다운 연애를 하였다가 아쉽게 끝난 점, 예식장에서 만난 한 여인에게 적극적으로 대쉬하며 연애에서 결혼까지의 과정을 결혼전도법으로 소개한 저자의 전도 이야기는 쉽게 적용할 수 있어 훌륭한 전도법이라는 생각이 됩니다.

이 책 속에서 전도의 미끼, 맛집, 자랑거리 등 전도의 획기적인 기술을 만날 수 있었습니다. 누구나 쉽게 전도할 수 있으며 효과적으로 전도할 수 있는 요령과 방법을 터득할 수 있습니다. 나아가 전도의 정상에 오르는 길을 안내해 주고 있습니다. 이 책은 전도의 컨설팅과 같은 책입니다. 이 책을 읽는 이에게 전도를 사랑하게 되고 전도의 날개를 달게 될 것이라고 믿어 적극적으로 추천하는 바입니다.

2016년 2월 15일

주성민 목사 (세계로 금란교회)

머리말

저는 하나님의 은혜로 4가지 기록을 남겼습니다. 첫 번째 기록은 세계 제일의 판매 실적(154개국 1위), 두 번째 기록은 한국 최다 강의 기록 보유자(4,325기업 강의)이며, 세 번째 기록은 한신교회 5년 연속 전도왕과 교단 총회에서 2년간 전도 우수상과 공로상을 수상했습니다. 네 번째 기록은 한국 최고의 명강사로 선정(980명 중 1위)되었습니다.

저는 기업, 연구단체, 대학, 정당, 정부기관에서 경영, 마케팅, 세일즈 강의와 32권의 저서를 집필하며 활발한 활동을 하며 지내 왔습니다.

저를 아시는 하나님께서는 지금부터 8년 전에 전도에 관한 책을 쓰라는 계시를 주셨습니다. 2년간 망설이고 주저하다 다시 집필하라는 하나님의 강한 음성을 듣고 집필하게 되었습니다. 처음에는 잘 써 나갔지만, 30쪽을 썼을 때 중단해야 했습니다. 읽을 만한 가치 있는 책이 나올 것 같지 않아서였습니다. 그래서 집필을 멈추고 전도 체험 후 집필하기로 하고 일선 현장에서 전도하기로 했습니다. 저는 젊은 시절의 마케팅과 세일즈 경험을 살려 나름대로 전도에 열정을 쏟았습니다. 그 결과 전도왕 타이틀을 기장 교단과 교회에서 획득하였습니다.

최근에는 교단을 초월하여 전도 강의를 하고 있습니다. 이제는 전도 책을 집필할 만한 지식과 자료가 풍부해졌습니다. 부족하나마 읽을 만한 유용한 책을 쓰게 되었습니다. 하나님께 감사한 일은 책을 쓰는 데 하나님께서 영감을 주셔서 이제까지 나온 책과는 전혀 다른 차별화된 책이 만들어진다는 점에 마음이 기쁘고 영이 즐겁고 보람이 가득합니다.

이 책에서는 예수님 전도법, 결혼식 전도법, 농부식 전도법, 어부식 전도법, 마케팅식 전도법을 다루었습니다. 이 다섯 가지의 전도법 속에는 맞춤 전도법과 관계 전도법, 컨설팅 전도법, 세일즈 전도법이 담겨 있습니다.

전도자와 불신자의 관계에서 전도로 이끄는 기법과 이 책 속에 담겨 있는 101가지 아이디어는 전도의 내비게이션 역할을 하고 있습니다. 이 책은 다양한 전도방법을 다루고 있고 읽을수록 전도의 바이블처럼 해답이 있습니다.

전도는 어렵고 힘들고 아무나 하는 것이 아니라 전도 은사가 있는 사람만이 하는 것이라고 생각할지라도 이 책을 읽으면 '아! 나도 할 수 있어. 하면 되는 것이구나!' 하는 믿음을 갖게 해 줍니다.

전도란 별 것 아닙니다. 전도란 되게 하는 것도 '나'이고 안 되게 하는 것도 바로 '나' 자신입니다. 한두 번 또는 두세 번에서 포기할 때는 안 되는 것이고, 상대에 대한 사랑이 부족하고 방법이

서툴 때 힘든 것이지 하면 되는 것이 전도입니다.

이 책은 전도하는 데 필요한 모든 것을 제시해 주고 있습니다. 이 책의 20%만 알아도 잘할 수 있습니다.

전도가 이처럼 쉽고 재미있구나 하는 마음이 와 닿게 되고, 읽으면 읽을수록 전도기술이 향상됩니다. 이 책을 읽게 되면 많은 사람들이 전도에 참여하게 될 것입니다.

이 책의 특징과 혜택은

첫째, 전도자에게 자신감을 심어준다.
둘째, 열정적으로 전도한다.
셋째, 용기와 끈기를 가지고 전도한다.
넷째, 도전과 추진력을 갖게 한다.
다섯째, 전도에 필요한 하나님(예수님)에 대해 안다.
여섯째, 자신의 숨겨진 전도 능력을 발견하게 해준다.
일곱째, 전도하도록 동기부여가 된다.
여덟째, 적극적인 전도자로 이끌어준다.
아홉째, 획기적인 전도의 노하우를 제시함으로 지금까지 막혔던 문제의 해답을 제공해 준다.

열째, 전도의 열풍이 불어 전도왕 수준의 전도인이 많이 탄생하게 만들어 준다.

아무쪼록 많은 사람이 읽어 적극적인 전도자가 되어서 예수님을 기쁘시게 하고 침체된 한국교회의 부흥의 횃불이 되었으면 합니다.

추천사를 써 주신 목사님들께 감사를 드립니다. 그리고 이 책이 출판되게 도와주신 쿰란출판사 이형규 장로님과 직원들에게도 감사드립니다.

2016년 2월 15일
곽준상

목차

추천사 _ 이윤재 목사 (분당한신교회) • 02
　　　　소강석 목사 (새에덴교회) • 04
　　　　전병금 목사 (강남교회) • 07
　　　　장경동 목사 (대전중문교회) • 09
　　　　주성민 목사 (세계로 금란교회) • 11

머리말 • 13

Ⅰ. 전도를 잘하기 위한 21가지 비결

1. 영혼을 사랑하는 마음을 품어야 한다 • 24
2. 전도하는 데 꼭 필요한 하나님 말씀으로 무장해야 한다 • 25
3. 전도에 더욱 열중해야 한다 • 26
4. 사람에 대한 두려움 없이 누구나 만날 수 있는 용기를 가져야 한다 • 29
5. 끈기 있는 전도자가 되라 • 30
6. 이미지 메이킹을 하라 • 30
7. 가급적 사람을 많이 만나라 • 32
8. 말을 걸고 질문하라 • 33
9. 전도되는 분위기를 창조하라 • 34
10. 관계의 다리 놓기 • 36
11. 끝장을 내는 적극성 • 37
12. 섬기는 마음으로 전도하라 • 38

13. 자랑하라 • 39

14. 할 수 있다는 자신감 • 40

15. 전도 준비 • 41

16. 부채를 이용한 전도법 • 43

17. 설득력을 높여야 한다 • 44

18. 투시하라 • 49

19. 3가지를 화장하라 • 50

20. 도전적인 전도인이어야 한다 • 53

21. 전도는 등산과 같다 • 54

II. 마케팅 전도법

1. 마케팅 전도법 - 마케팅이란? • 58

   1) 전도시장 : 한국 불신자 시장 • 60

   2) 공격 전략(Attack) - 공격하라 • 60

   3) 시장조사(Research) - 조사하라 • 64

   4) 지식(Knowledge) - 이론 무장 • 68

   5) 전도전략과 방법(Evangelism) • 85

   6) 표적(Targeting) - STP전략과 표적 • 133

   7) 이미지 메이킹(Image making) • 134

8) 새롭게 태어남(New Born) • 138

　　9) 천국에 가는 법(Go to Heaven) • 139

2. 예수 전도법(JESUS 전도법) • 142

　　1) 보물을 찾는 기쁨(Joy) • 142

　　2) 예수님의 열정(Enthusiasm) • 143

　　3) 예수님의 섬김(Servant) • 144

　　4) 무엇을 알아야 하는가(Understanding) • 146

　　5) 예수님의 전도방법(Skill) • 148

3. 결혼식 전도법(Marriage 전도법) • 157

4. 어부 전도법(Fisher 전도법) • 159

5. 농부 전도법(Farmer 전도법) • 162

III. 전도의 성공법칙

1. 전도 그리드(grid) - 당신은 어떤 타입의 전도자인가? • 168

2. 동물식 전도법 - 전도법을 동물에서 배우다 • 171

3. 맞춤형 전도법 • 173

4. 가장 좋은 전도방법 • 175

5. 전도 성공의 노하우(Know-How) • 177

6. 전도 십계명 • 178

7. 당신의 교회를 6성급 교회로 만들어라 • 179

8. 전도의 SPEC • 180

9. 성공으로 안내하는 문 • 183

10. 서커스 코끼리와 같은 전도인이 되지 마라 • 185

11. 사랑하라 • 186

12. 당신의 힘을 조사하라 • 187

13. KASH 4원칙을 마스터하라 • 188

Ⅳ. 전도인의 성공전략

1. 전도에 미쳐라 • 200

2. 물고기 잡는 식의 전도 : 전도는 물고기 잡는 것과 같다 • 201

3. 가장 바람직한 전도인 • 204

4. ABC 전도법 • 206

5. 동기부여(Motivation) • 208

6. 톡톡 튀는 명함 활용법 • 210

7. "ㄲ"식 전도왕 전도법 • 211

8. 전도는 쉽다 • 212

9. 자신의 한계를 한정시켜 버리지 말라 • 214

10. 그만두어야 할 때가 시작할 때이다 • 216

11. 자신의 전진을 막지 말라 • 218

12. 전도인은 태어나는 것이 아니라 만들어진다 • 219

13. 의지력과 상상력을 부합시켜라 • 221

14. 당신의 능력을 전도에 투입하라 • 223

15. 올바른 정신자세와 분발적 불만 • 225

16. PEP의 성공 공식 • 227

17. 전도 성공의 열쇠는 신념이다 • 234

18. 인간관계가 좋아야 한다 • 236

19. 방문 활동을 강화하라 • 239

20. 즉시 하라 • 240

21. 용기 있는 전도인이 되는 길 14가지 • 242

22. 끈기 있는 전도인이 성공한다 • 259

23. 자신을 완전히 믿어야 한다 • 262

24. 성공은 활동의 결과이다 • 264

25. 전도왕이 되는 비결 24가지 • 265

* 왜 사람들은 전도를 못 하는가?

전도를 잘하려면 전도를 못 하는 이유와 잘하는 이유를 알아야 합니다.
못 하는 이유와 반대로 생각하십시오.

	전도를 못 하는 이유	전도를 잘하는 이유
1	전도를 안 하니까?	하면 된다
2	한두 번 만나다가 단념해 버리기 때문에	가능한 10번까지 만나라
3	전도는 아무나 하는 것이 아니라고 생각하기 때문에	누구나 다 할 수 있다
4	어렵고 힘들다고 생각하기 때문에	전도는 쉽다 그렇게 어렵지 않다
5	전도에 대한 두려움과 공포 때문에	강하고 담대하라 하나님이 함께하신다 (수 1:9; 사 41:10)
6	자존심이 상하기 때문에	전도자는 하나님이 최고로 높여주신다
7	전도자의 사명이 없기 때문에	나를 살리신 예수님을 위해 살라 전도는 반드시 해야 하는 필수사항이다
8	영혼을 사랑하는 마음이 부족하기 때문에	예수님의 마음을 품어라 나를 전도한 사람을 닮아라
9	전도를 하려는 마음이 부족하기 때문에	영혼을 사랑하라 예수님 명령(행 1:8)
10	부정적이고 적극적이지 않기 때문에	긍정적이고 적극적이어야 한다
11	복음 메시지가 빈약하기 때문에	복음에 대한 메시지로 무장하라
12	사전조사 없이 전도하기 때문에	지피지기는 백전불패
13	자기를 인상 좋게 잘 팔지 못하기 때문에	좋은 인상을 위한 준비를 갖추어라
14	만들어져 있는 통조림 전도법을 쓰기 때문에	맞춤 전도로 전도하라
15	상대에 맞지 않는 전도법을 쓰기 때문에	맞춤전도, 관계전도, 컨설팅 전도
16	전도 기술이 부족하기 때문에	전도 기술 향상
17	기도 없이 전도하기 때문에	기도하라
18	입이 안 열린다	반복하라-표준화법 암기(마 10:19)

이 책을 읽으면 해결안을 다 찾을 수 있다.

01
전도를 잘하기 위한
21가지 비결

- 전도는 방법보다 사랑이 우선이다.
- 하나님 말씀을 알면 알수록 영혼을 사랑하고 말씀을 전하고 싶은 마음이 생긴다.
- 열정은 존재에 불과한 사람을 활기찬 인간으로 변화시키는 매력적인 불길이다
- 전도는, 되게 하는 것도 나고 안 되게 하는 것도 나다.

Ⅰ. 전도를 잘하기 위한 21가지 비결

1. 영혼을 사랑하는 마음을 품어야 한다

전도는 길 잃은 양을 찾아나서는 주님의 마음을 가져야 한다. 아흔아홉 마리의 양을 두고 잃어버린 한 마리의 양을 찾아나서는 주님의 마음이 필요하다.

예수님은 십자가에 죽으러 가시는 그 순간에도 여리고에 들러 삭개오와 그 집안을 전도하셨다. 십자가에서 숨이 넘어가는 순간까지도 한 편의 강도에게 천국 복음을 전하셨다. 이런 모습을 통해 우리는 주님이 얼마나 한 영혼을 사랑하시는지를 알 수 있다.

전도자는 예수님의 이런 마음을 항상 품어야 한다. 전도하기 전에 우리는 주님의 마음을 갖게 해 달라고 기도해야 한다. 전도는 내가 하는 것이 아니다. 사랑이 하는 것이다. 내가 전도하면 힘이 든다. 그러나 사랑하면 그 사랑이 나를 움직이고 그 사랑이 나를 지혜롭게 한다.

전도는 주님의 마음을 품고 주님의 사랑으로 형제와 이웃을 사랑하는 것이다. 전도는 방법보다 사랑이 우선이다. 이웃을 사랑하고 섬기는 마음을 갖고 전도할 때 성령의 역사가 일어난다.

영혼을 뜨겁게 사랑하면 전도에 대한 애정이 생기고, 열정이 생기고, 적극적인 자세로 사람을 대하게 된다. 당신이 당신 자식들을 어떻게 키웠는가를 생각해 보라. 애정과 열정과 적극적 자세로 키웠을 것이다. 주님은 나를 위해 자기의 생명까지도 내놓으셨음을 알아야 한다. 누가 나를 위해 자기의 생명을 내놓겠는가?

이런 주님의 마음을 품고 모든 영혼을 사랑하는 마음으로 전도해야 한다.

2. 전도하는 데 꼭 필요한 하나님 말씀으로 무장해야 한다

하나님의 말씀을 알면 알수록 영혼을 사랑하고 말씀을 전하고 싶은 마음이 생긴다. 태초에 하나님은 우리를 하나님의 형상대로 창조하셨다. 그런데 죄 없이 에덴에서 살던 인간에게 하와의 죄로 인해 죄의 역사가 시작되었다. 결국 하나님께서는 인간을 구원하시기 위해 예수님을 이 땅에 보내셨다. 예수님은 공생애 기간 동안 여러 도시와 마을을 다니시며 병을 고치고, 가르치고, 전도하셨다. 예수님의 전도에 대한 열정은 대단하셨다.

예수님은 다음과 같은 말씀으로 전도하셨다.

"회개하라 천국이 가까이 왔느니라"(마 4:17).
"예수께서 이르시되 와서 보라 그러므로 그들이 가서 계신 데를 보고 그 날 함께 거하니 때가 열 시쯤 되었더라"(요 1:39).
"내가 행한 모든 일을 내게 말한 사람을 와서 보라 이는 그리스도가 아니냐 하니 그들이 동네에서 나와 예수께로 오더라"(요 4:29).
"주 예수를 믿으라 그리하면 너와 네 집이 구원을 받으리라"(행 16:31).

3. 전도에 더욱 열중해야 한다

열중은 당신의 일에 열정을 쏟는 것을 말한다. 열정은 약방의 감초와 같다. 그것은 우리가 보다 효과적으로 전도 활동을 하게 만든다.

노먼 빈센트 필 박사는 "열정이 승패를 좌우한다"고 했고, 에디슨은 "열정 없이 성공을 기대할 수 없다"고 했다. 내가 남보다 더 전도 실적을 올릴 수 있는 것은 열정이라고 생각한다. 많은 사람을 만나고, 복음을 전하고, 두세 번씩 찾아가 교회에 나오도록 한 것도 다 열정이 있기 때문이다. '열정'이 당신의 상표가 되기를 바란다.

열정이라는 말은 폭풍우와도 같다. 열정은 존재에 불과한 사람을 활기찬 인간으로 변화시키는 매력적인 불길이다. 절망적인 사람에게 있어서 열정은 만병통치약이다. 열정보다 당신이 당신 자신을 더 잘 전도하도록 돕는 것은 이 세상에 아무것도 없다.

자신이 하고 있는 일에 혼신의 힘을 기울인다면 반드시 성공할 수 있다. 당신은 이제부터 폭풍우와 같은 열정적인 사람이 되라.

'열정'이라는 단어는 그리스의 '분발하다'라는 말에서 발생한 것이다. 그리고 '분발하다'라는 말은 그 이전에 고대 그리스어에서 나온 합성어로 '신'과 '내부'라는 의미를 갖고 있었다. 따라서 '열정'이라는 단어의 원초적인 의미는 축어적으로 설명하면 '당신 안에 신의 정신이 있다'는 뜻이다.

이 말은 하나님의 성령이 당신의 내부에 항상 존재한다는 것이다. 이것을 당신이 이해할 때 당신은 당신 내부에서 불타고 있는 무한한 열정을 느끼게 될 것이다.

[열정 개발법]

① 자기 일에 긍지를 갖는다.
② 목표를 높게 세운다.
③ 새로운 지식을 습득한다.
④ 체력과 건강이 좋아야 한다.
⑤ 신체 언어를 사용한다.
⑥ 앞자리에 앉는다.
⑦ 큰 소리로 웃는다.
⑧ 걸음을 종전보다 25% 정도 더 빨리 걷는다.
⑨ 토론 시 먼저 발표한다.
⑩ 신나는 노래를 부른다.
⑪ 열정적인 사람처럼 행동한다.
⑫ 경험적으로 기술이 향상된다.

4. 사람에 대한 두려움 없이 누구나 만날 수 있는 용기를 가져야 한다

호랑이 굴에 들어가야 호랑이 새끼를 잡듯이 전도를 하려면 사람을 만나야 한다. 사람을 만나서 말을 걸고, 질문하고, 예수를 믿어야 하는 이유를 설명하고 교회에 나오도록 만든다.

장애물에 부딪치면 지혜롭게 극복하라.

친구를 만나듯이 가벼운 마음으로 만나고, 호감 있게 대하고, 칭찬하고, 불교를 믿는다면 인간의 사고로 만든 종교를 믿지 말고 하나님을 믿는 기독교를 믿어야 한다고 말하라. 불교는 구원이 없는 종교지만 기독교는 구원이 있는 참 종교이다.

생각 외로 상대(피전도자)가 호의적으로 대해 줄 것이다. 사람을 좋아하라. 그러면 상대도 나를 좋아할 것이다. 사람을 두려워하는 사람은 반복해서 몇 번 만나다 보면 두려움이 없어진다. 용기 있는 사람이 되려면 용기 있는 사람처럼 행동하라.

5. 끈기 있는 전도자가 되라

전도란 한두 번 방문해서 되는 것이 아니다. 서너 번 상대에 따라서 10여 번 방문해야 되는 경우도 있다. 때론 그 이상을 방문해야 되는 경우도 있다. 계속되는 끈질긴 접촉에서 전도가 된다. 전도가 안 되거나 못하는 사람들을 보면 무엇보다도 끈기의 부족이다. 한두 번 방문해서 안 되면 포기하고 만다. 더 이상의 방문을 포기할 때 전도는 안 된다.

전도는, 되게 하는 것도 나이고 안 되게 하는 것도 바로 나 자신이다. 끈기는 성공한 사람의 공통분모이다. 끈기는 불가능하게 보이는 난제들을 극복하는 수완이다.

6. 이미지 메이킹을 하라

이미지 메이킹(image making)이란 자신의 이미지를 타인의 머릿

속에 각인시키는 일이다. 처음 타인에게 이미지 메이킹이 끝나면 그 이미지를 바꾸기는 쉽지 않다. 그러므로 첫인상이 중요하다.

이미지 메이킹으로 자신을 호감 있게 팔 수 있도록 연출이 필요하다. 당신은 모르는 사람을 처음 대면할 때 그 사람을 머리에서부터 발끝까지 훑어 보게 된다. 호감 가는 사람은 대화하고 싶지만 그렇지 않은 사람은 말하고 싶지 않을 것이다. 그러므로 당신은 이미지 메이킹에 각별히 신경을 써야 한다.

사람을 만난 후 기억에 남는 것은 의상, 안경, 헤어스타일, 화장 등 눈에 보이는 시각적인 것이 말한 내용보다도 더 기억에 남는다는 것이 어느 조사에서 밝혀졌다.

전도자는 피전도자의 눈을 즐겁게 하는 마케팅 행위를 하라. 복장은 중요하다. 가급적 좋은 옷을 입는다. 첨단 유행의 옷은 좋지 않지만 시대에 뒤떨어진 옷이나 남루한 옷은 피하라. 복장은 만나는 피전도자의 수준에 맞추는 것이 좋다.

이미지 메이킹에서 중요한 것은 머리이다. 헤어스타일에 따라서 사람이 달라 보인다. 헤어스타일은 이미지 메이킹의 키포인트(핵심)이다. 젊게 보이는 것도 매력적으로 보이는 것도 헤어스타일에

I. 전도를 잘하기 위한 21가지 비결

달려 있다. 자기 얼굴에 맞는 헤어스타일을 하는 것이 좋다. 전도자의 화장은 평범하면서도 아름답게 곱게 꾸미는 것이 좋다. 진한 화장은 삼가는 것이 좋다.

이미지 메이킹에서 목소리 또한 매우 중요하다. 우리는 상대의 목소리에 반한 적이 많을 것이다. 일반적으로 사람들의 목소리는 괜찮은 편이다. 매력적인 목소리를 내고 싶으면 "인터넷 목소리 훈련"에 들어가서 자기 훈련법으로 훈련하거나 스피치 학원을 다녀도 된다. 오늘날 이미지 메이킹은 중요하다. 면접시험의 당락에 큰 영향을 미치고 있다.

나 역시 이미지 메이킹에 각별히 신경을 쓰고 있다. 실제 나이보다 5~10세 젊게 보이게 한다. 헤어스타일, 의상 특히 모자를 쓰는 경우가 많다. 벨트, 시계, 구두에 이르기까지 자기 연출을 한다. 얼굴의 점도 빼고, 주름도 없애고, 좋은 화장품도 쓰고 있다.

7. 가급적 사람을 많이 만나라

전도란 사람을 만나 하나님에 대하여 말하는 것이다. 전도를 잘하려면, 전도에 좋은 실적을 올리려면 가급적 사람을 많이 만나라. 아파트 단지에서, 상가에서, 주택에서, 길거리에서, 운동하는 장소에서, 버스정류장 및 지하철역에서 많은 사람을 만날 것이다. 그들을 전도하기 위해서 말을 걸고 질문하고 예수를 믿어야 하는 이유를 설명하라. 전도에서 발(足), 입(口), 손(手)은 중요하다. 발로 찾아가고 만나며, 손으로 전도지를 주며, 입으로 말한다. 3가지를 좀더 강화하라. 그러면 전도가 잘된다.

8. 말을 걸고 질문하라

전도를 잘하려면 어떤 장소에서도 누구에게나 말을 걸고 질문을 던져 대화가 진행되어야 한다. 전도에서 최초의 30초는 아주 중요하다. 접근의 접촉에서 성공하면 50% 이상이 성공하게 된다.

탄천이나 스포츠 장소에서 사람을 처음 만나면 "안녕하세요" 하고 말을 건다. 그다음 바로 "덥지요" 하고 질문을 던진다. 부채를 주며 "시원한 사랑의 부채입니다. OO교회에서 만들었습니다." 다시 질문을 던진다. "교회에 나간 적이 있습니까?" 대답은 초등학교와 중학교 때 가 본 적이 있다든가 현재 나간다든가, 안 나간다든가, 불교 믿는다든가, 성당 다닌다든가 하는 답이 나온다. 현재는 안 나가고 있다고 하면 다시 질문을 한다. "마음이 어떠세요?" 하고 질문을 던진다.

질문하고 답하고, 질문하고 답하고 목적지(전도 성공)까지 간다. 질문 화법은 전도 성공의 핵심 중 하나이다.

9. 전도되는 분위기를 창조하라

 사람들은 전도 당하기를 싫어하고 자발적으로 하기를 원한다. 전도인은 사람들이 예수 믿겠다는 분위기를 창조해야 한다. 예수 믿겠다는 분위기란 가망 전도대상자가 결정을 쉽게 내릴 수 있도록 전도인이 편하게 인도하는 것을 의미한다.

 효과적인 전도 대화를 실시했다면, 전도대상자에게서 유리한 결정을 기대할 수 있다. 일부에 전도인에 대한 인상이 나쁘게 알려져 있는 것은 무질서하게 말하는 불성실한 전도인을 보았기 때문이다. 훌륭한 전도인은 결정을 강요하는 사람이 아니라 가망 피전도인(전도대상자)이 믿을 수 있는 분위기에 젖게 하여 그가 스스로 결정을 내리도록 만드는 사람이다.

 예수를 믿겠다는 분위기를 창조하는 '첫 번째 단계'는 당신의 가망 전도대상자를 편하게 모시는 것이다. 가망 전도대상자들도 사람들이다. 그러므로 당신은 먼저 그들을 인간적으로 대해야 한다. 전도인이 아무리 완벽하다고 해도 다 전도되는 것은 아니다. 그러나 대부분의 사람들은 친절한 대화를 듣는다.

 예수를 믿겠다는 분위기를 창조하는 '두 번째 단계'는 가망 전도대상자가 여러 가지 작은 결정들을 내리도록 유도하는 것이다. 그렇게 하려면 작은 결정을 내리도록 인도하는 전형적인 질문을 던져야 한다. 예를 들면 이런 식의 질문이다.

"가정마다 문젯거리가 있어 문제 해결이 필요할 때는 기도가 중요하다고 생각하시지요? 그렇죠?" 이런 식의 질문은 긍정적인 해답을 하게 만든다. 이러한 작은 결정을 자주 하다 보면 가망 전도대상자는 교회 나가기가 쉽다. 수많은 전도인들이 전도가 이루어지지 않는 이유는 가망 전도대상자가 인터뷰에 참여하지 않고 방관자의 상태에 머물러 있기 때문이다.

예수를 믿겠다는 분위기를 만드는 '세 번째 단계'는 가망 전도대상자에게 두 가지 중에서 하나를 선택하도록 만드는 것이다. 물론 그것은 어느 것이나 당신에게 유리한 것이어야 한다. 예를 들어, "이번 주에 나오시겠습니까? 다음 주에 나오시겠습니까? 하루에 예배가 세 번 있습니다. 9시 30분 예배와 11시 30분 예배 중 어느 시간대가 좋습니까?" 이렇게 하면 가망 전도대상자는 자연히 결정을 하게 될 것이다.

10. 관계의 다리 놓기

　관계전도를 잘하기 위해선 불신자들에게 다가가 관계의 다리를 놓아야 한다. 전도자는 먼저 불신자의 세계로 건너가 그들과 좋은 관계를 맺고 전도자의 세계로 이끌어 예수 믿게 하는 것이 관계 다리 놓기의 목적이다.

　다리 놓기는 지속적인 과정이다. 즉 관계를 만드는 과정이다. 다리 놓기는 삶의 한 부분이 되어야 한다. 우리 주위엔 다리 놓을 대상이 무수히 많다. 직계 친척, 친구, 친지, 이웃 및 처음 찾아가 만난 사람들이 있다. 이들과 다리 놓기 위해서는 모든 접점을 최대한 활용해야 한다. 즉 다리 놓기의 달인이 되어야 한다.

　사람들을 만나면 그들의 관심사가 무엇인지를 찾아내 관심사에 대해 말하라. 관심사의 내용은 상대에 따라 같기도 하지만 다르기도 하다. 일반적으로 장사하는 사람은 장사에 도움되는 이야기이고, 질병이 있는 사람에게는 치료의 회복이고, 고2, 고3을 둔 어머니에게는 좋은 점수와 목표한 대학에 들어가는 것이고, 새로 이사 온 사람에게는 불편함이 없도록 도움을 주고 가까이 지낼 사람이 관심사이다.

　만나는 상대 중에서 위로해 줄 사람도 있다. 그들에게 다가가 위로해 주고 기도해 주는 것도 좋은 다리 놓기이다.

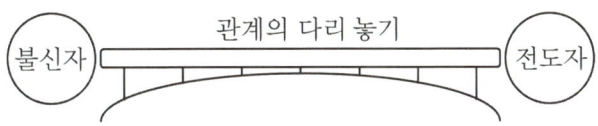

우리는 다리 놓기의 접점이 많다. 생일에 생일카드 보내기, 출산 날에 출산 축하하기, 사망에 위로, 결혼 축하, 취미로 대화의 꽃피움, 노상에 청과일, 식당에 경제적 도움 등 접점 활용이 많다. 다리 놓기로 좋은 관계를 맺어 전도에 도움을 삼기를 바란다.

11. 끝장을 내는 적극성

전도는 두세 번 방문 만에 되는 경우도 있지만 다섯 번 만에 되는 경우가 더 많다. 때로는 열 번 만에 성공하는 경우도 있다. 한 피전도자는 내가 102번이나 방문을 했음에도 아직 교회에 나오지 않고 있다. 110번 이내에는 나올 것으로 믿고 끝장을 내고마는 전도자 정신을 발휘하고 있다.

연어를 통해 배워 보자. 강에서 사는 연어들은 나이아가라 폭포 위에서 300m 아래로 떨어진다. 이들은 바다에서 살다가 2년 후 알을 밴 후 알을 낳아 새끼를 만들기 위해 나이아가라 폭포를 거슬러 올라가야 한다. 떨어지는 수압이 말할 수 없을 정도로 세다. 모두가 그곳에 도전한다. 수십 번의 실패에도 포기하지 않고 도전한다. 아가미를 크게 다쳐 피가 줄줄 흐르고 입이 찢어져 피가 흘러도, 입의 형체가 보이지 않아도 계속 도전한다. 결국 모두가 올라간다. 연어도 끈질긴 정신으로 목표를 달성한다. 전도자인 우리도 연어에게서 배우자.

12. 섬기는 마음으로 전도하라

우리 주위엔 전도대상자가 엄청나게 많다. 바다에 물고기가 많듯이 많다. 전도를 위해 사람들을 만나다 보면 자갈밭, 가시밭의 마음을 가진 사람들이 있다. 이런 사람들을 전도하기 위해서는 마음 밭을 옥토 밭으로 바꾸어야 한다.

그러기 위해 전도자는 사랑으로 섬겨라. 그 방법으로 상대의 필요나 갈급함을 알아서 섬겨야 한다. 때론 식사를 대접하라. 인간미 넘치는 마음을 주라. 당신이 만나는 피전도자의 마음이 옥토가 될 때 복음의 씨앗을 심어라. 전도의 성공률이 높다. 예수님의 전도법의 키워드는 섬기는 전도이다.

13. 자랑하라

피전도자가 교회를 선택하는 과정을 보면 교회와 설교하는 목사님을 살펴보고 결정한다. 전도자의 말을 듣고 교회 나오는 경우도 있지만 3~4번의 설교를 듣고서야 결정하는 경우도 있다. 내가 다니는 한신교회를 보면 약 100명 정도의 신자가 등록하지 않고 다니고 있다. 그 이유는 과거에 출석하다가 옮겼던 경험 때문에 더 살펴보고 결정하기 위해서다.

물론 전도자에 따라 바로 예수 믿는 경우가 대부분이지만 쉽지 않은 경우도 있다.

우리가 물건을 살 때 즉시 사는 경우도 있지만 몇 번 생각해 보고 다른 물건과 비교해 보고 사는 경우가 있듯이 피전도자도 교회를 선택할 경우 교회와 목사님을 생각해 본다. 어떠한 교회인가? 내가 평생 다닐 교회인가? 특히 목사님은 어떤 분이신가? 인격과 설교 등에서 살펴본다. 설교에서 은혜를 받고 신앙생활을 할 수 있는가를 생각하고 살펴본다.

우리가 전도를 잘하기 위해서는 교회와 목사님을 자랑으로 팔아야 한다. 우리가 살고 있는 동네에는 어느 곳이나 교회가 많다. 많은 식당 중에서 맛집이 있듯이, 많은 교회 중에서도 영의 맛집이 있다. 담임목사님을 팔지 않으면 전도가 잘 안 된다. 하나님의 말씀을 가지고 최고의 요리를 하는 기술자(쉐프)로서 팔아야 한다.

내가 남보다 전도를 잘하는 비결은 설교자를 잘 팔기 때문이다. 자세한 내용은 마케팅 전도법에서 다시 살펴보기로 하자.

14. 할 수 있다는 자신감

무슨 일을 하든지 그 일에 성공하려면 자신감을 가져야 한다. 전도에 있어서 자신감은 아주 중요하다. 대부분의 사람들은 자신감이 부족하다. 전도를 잘할 수 있는 사람들이 전도를 못 한다. 아니 안 한다. 첫 번째 이유가 본인은 '할 수 있다'는 자신감의 결여다. 우리 교회의 한 권사님에게 전도하자고 권했더니 첫 마디가 자기는 전도의 은사가 없어서 전도를 못 할 뿐 아니라 할 수 없다는 것이다.

생각을 바꾸지 않는 한 전도는 못 하게 된다. 생각이 바뀌어야 행동이 바뀐다. 전도 정도는 누구나 할 수 있다. 만약 한 달에 1명 전도를 못 하면 죽는다고 하면 그래도 못 하겠는가? 충분히 할 것이다. 은사가 없어서, 능력이 없어서가 아니다. 생각을 바꾸면 할 수 있다.

전도는 어려운 것이 아니다. 어려운 상대를 만나면 어렵지만 쉽다. 쉬운 대상자가 주위에 많다. 하루에 1명씩 전도를 시도해 보라. 아무리 못해도 한 달에 2명 이상은 전도가 된다. 하면 되는 것이 전도다. 잘된다. 재미있다.

15. 전도 준비

준비만 잘되어 있어도 80% 이상의 성공을 이룰 수 있다.

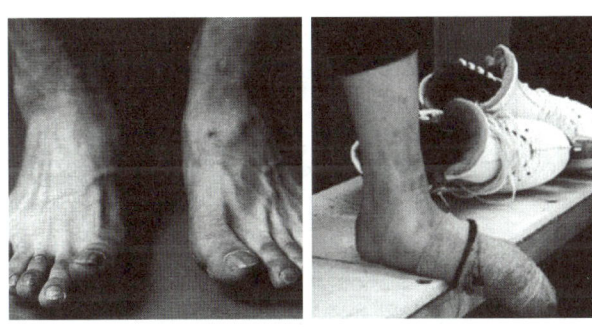

▲ 박지성(좌), 김연아(우) 선수의 발

'피겨 여왕 김연아, 맨체스터 유나이티드 박지성, 체조 요정 손연재' 이들이 세계적 스타가 된 것은 상상을 초월한 연습량으로 준비한 결과이다. 김연아 선수는 하루 12시간씩 연습을 하였다고 한다. 철저한 준비는 무슨 일을 하든지 성공을 이룬다.

[전도에 대한 준비]

① 전도 현장에서 필요한 전도 팸플릿, 전도 전단지 등 준비
② 복장, 헤어, 신발 청결 체크
③ 만날 상대(피전도자)에 대해서 필요한 정보 수집(없으면 현장에서 대화 중 입수)
④ 상대(피전도자)를 만날 시 접점이 될 만한 것에 대해 알아 둬라.
  예) 식당하는 사람(손님 수 증가, 매출 증가), 부동산 하는 사람(매수자, 매도자 정보), 수험생이 있는 가정(성적 향상, 어머니 기도회)
⑤ 처음 만나는 접근에서 무슨 말(접근어)을 할지를 준비. 첫 20초가 중요하다.
  예) "안녕하세요, 도움과 이익을 주기 위해 찾아왔습니다."
  준비된 선물을 내놓은 후에 본 상담으로 들어간다.
⑥ 전도 시 발생하는 거절에 대응하는 화법 준비
  예) 바쁘다고 할 때 - 아무리 바쁘더라도 1주일에 하루는 쉬어야 하고, 하루에 3번 예배가 있습니다. 맞는 시간대를 선택하셔서 1시간 정도 시간을 내시면 됩니다. 최고의 가치를 얻습니다.

16. 부채를 이용한 전도법

"하나님 아버지, 전도하러 나갑니다. 영혼을 사랑하는 주님의 마음을 갖게 하옵소서. 성령께서 함께해 주셔서 전도대상자의 마음을 주관해 주심으로 제 이야기를 잘 듣게 하옵시고 복음을 받아들이게 하옵소서."

나는 이렇게 기도한 후 화랑공원 현장에 오전 7시에 도착했다. 운동하고 있는 전도대상자에게 접근하여 "운동 나오셨어요?"라고 말을 걸고 인사를 한다. 경계를 풀고 마음의 문을 열기 위해 "덥지요" 하며 준비해 간 부채를 준다. "이 부채는 ○○교회가 준비한 시원함을 주는 사랑의 부채입니다. 교회에 나간 적이 있습니까?"라고 질문을 던진다. "없습니다." "왜 한 번도 나간 적이 없었나요?" 하고 또 질문한다.

"우리 집안은 대대로 불교 집안입니다"라고 대답한다. "아! 그렇습니까? 저희 집안하고 같네요. 저희도 불교를 믿어 왔어요. 정신적으로 수양되고 깨달음이 있는 종교지요. 그러나 죄가 죄로 남는 구원이 안 되는 종교지요. 우리나라 최고의 스님이신 고(故) 성철 스님께서 '산은 산이요 물은 물'이라고 말했습니다. '그 같은 이야기가 무엇입니까?' 하고 다시 물었더니 자신의 주제대로 가라는 것입니다. 그러나 주님께서는 우리의 길을 인도해 주시는 분이십니다. 주님은 지금도 살아서 역사하고 주관하시는 분이십니다. 같은 종교가 아닙니다. 기독교는 죽어도 영원히 사는 종교이고 하나님을 믿습니다. 다른 종교는 사람의 사고에서 나온 것이고, 기독교는 하나님이 사람을 찾아오심으로 세워진 종교입니다. 같지 않습니다. 다른 이로써는 구원을 얻을 수 없습니다(행 4:12). 예수를 믿어야 구원을 받을 수 있습니다."

이 정도면 설득이 되고 예수를 믿게 된다. 그러나 다음에 보자고 하면, 그 자리에서 전도하려고 서두르지 말고 다음 기회로 생각하고 연락처를 받고 떠난다. 또한 시간이 필요할 때에는 관계전도로 좋은 관계를 갖도록 한다.

17. 설득력을 높여야 한다

피전도자 중에는 전도하기 쉬운 관심적인 자와 수용적인 자가 있는가 하면 중립적인 태도를 보이며 대화에 열려 있는 경우도 있다. 또한 반항적인 자도 있다. 이런 경우엔 전도인이 설득력을 높여야 한다.

후자인 경우는 전도를 꺼린다. 적대적이지는 않지만 설득력 없이는 전도가 어렵다. 당신은 설득력 있는 전도인이 되어야 한다. 설득력 있는 전도인은 태어나는 것이 아니다. 기술을 배워 만들어 가는 것이다.

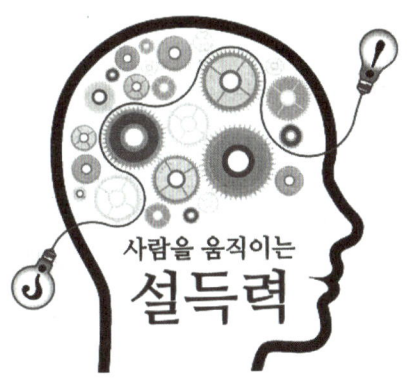

당신을 더욱더 설득력 있는 전도인으로 만드는 4가지 포인트가 있다.

1) 당신의 상품[하나님(예수님), 교회, 목사]과 **상품의 장점을 알라**

만일 당신이 상품과 상품의 장점을 모른다면 당신은 설득력 있는 사람이 되는 것이 불가능하다. 상품의 모든 것을 알아야 한다. 그리고 경쟁자의 상품도 그런 식으로 알아야 한다. 자기가 전도하고 있는 것을 아는 전도인은 그것을 잘 설명할 수 있다.

보잘것없는 상품 지식은 보잘것없는 전도 대화를 초래하고, 또 그것은 전도대상자를 혼란스럽게 만든다. 혼란스러운 전도대상자들은 좀처럼 사지 않는다. 실제로 가망 전도대상자는 전도 대화를 이해하지 못하면 어떤 것도 사지 않는다. 전도인의 지식 부족은 또 신용도를 약화시킨다. 전도대상자들은 전도인을 이해하지 못하면 속고 있다고 느낀다. 이러한 느낌은 상대가 이해할 수 있도록 상세하게 설명해 주면 사라진다. 상품 지식이 풍부하면 이러한 현상은 생길 수 없다. 당신이 상품에 관해 철저히 알고 있다면, 당신은 신용 있는 사람이 된다. 그러나 당신의 능력을 믿지 않는다면 설득력 있는 사람이 될 수 없다.

2) 알맞은 전도 분위기를 조성하라

설득력 있는 사람이 되려면 전도를 할 때 분위기를 조성해야 한다. 이것은 당신에게 가장 유리한 장소와 때를 선택해야 한다는 것을 의미한다. 예를 들면, 어떤 전도대상자의 사무실에 갔을 때 편안함을 느끼지 못한다면, 그런 환경을 벗어나도록 하라는 것이다. 그와 함께 점심 식사를 하러 가거나 아니면 다른 편안한 장소로 가라. 어려운 전도대상자들도 일단 그들이 그들의 거주지로부터 벗어나면 전도가 더 쉬워진다.

동시에 당신은 시간을 잘 관리해야 한다는 사실을 명심하라.

만일 당신이 30분짜리 전도화법을 가지고 있는데 가망 전도자와 만날 수 있는 시간이 15분밖에 없다면 당신은 설득력 있는 사람이 되기 어렵다. 항상 당신의 예수에 대한 대화를 충분히 하도록 시간을 가져야 한다.

모든 것을 성급하게 처리하는 것보다는 시간에 쫓기지 않는 날에 만나기로 약속하는 것이 더욱 현명한 것이다. 만일 어떤 이에게는 낮 시간에 전도하기가 부적합하다면 일과가 끝난 다음에 그를 만나 전도하도록 하라.

3) 항상 전도대상자의 말을 귀담아 들어라

Listen!

설득력 있는 전도인은 훌륭한 경청자이다. 가망 전도대상자의 말은 한 마디라도 소홀히 다루지 말라. 그가 문득 언급하는 말도 그에게는 매우 중요한 것이기 때문이다. 당신에게 사소하게 들리는 말까지도 무시하지 말라. 설득력 있는 전도인이 되는 길은 전도대상자들의 관심사를 파악하여 응답하는 것이다.

일단 그들의 마음속에 있는 의심이 사라진다면 전도 종결은 쉬울 것이다. 왜냐하면 당신은 그들의 방어선을 모두 다 제거했기 때문이다. 만일 가망 전도대상자가 어떤 궁금증이 있는 것같이 보인다면, 당신은 그 점을 설명해 주었는지 확인하라. 전도대상자의 말을 귀담아 듣지 못했다면 당신은 그에게 시원스럽게 당신의 상품(예수님, 교회, 목사님)에 관해서 설명해 줄 수 없을 것이다. 오해로 인하여 문제가 생기기 전에 그것을 설명해 주는 것이 좋다.

"내가 이 점을 말씀드렸는지 모르겠군요. 선생님께서는 저의 상품이 이와 같은 일을 해낼 수 있는지를 알고 싶으시죠?" 이런 식으로 대하면, 그는 원만하게 당신과 의사소통을 하게 된다. 일단 전도인이 전도대상자의 주된 관심사를 충분히 이해한다면 그는 설득력 있는 사람이며, 나아가서 쉽게 전도 종결을 하게 된다.

4) 전도 시에는 위험한 말을 피하라

전도 시 전도인이 피해야 할 말들이 있다는 것을 잘 알고 있다.

만일 당신이 새가족 카드에 기록과 서명을 받아낼 때는 절대로 서명이라는 단어를 사용하지 말아야 한다. 이 단어는 공포와 의심을 가지게 한다. 그 대신 '동의'라는 단어와 '합의'라는 단어를 사용하라.

전도대상자에게 절대로 '서명'이라는 단어를 사용하지 말라. 그 대신 '친필'이라는 단어를 사용하라. 아니면 '찬성'이라는 단어를 사용하라.

한편 전도대상자에게 신용과 안정감을 안겨주는 '보증'이라는 단어는 매우 설득력이 있다. 항상 당신의 상품(예수님, 교회, 목사님)은 보증할 수 있는 것이요, 보장할 수 있는 것임을 강조하라.

'만족을 보장함'이라는 말은 항상 매우 강력한 설득력을 내포하고 있다. '축복'이라는 말 역시 도움이 되는 말이다.

'최고, 새로운, 획기적인, 자연적'이란 설득력 있는 단어를 사용하여 전도 대화를 하면 매우 효과적이다. 그것이 바로 지적인 전도인 것이다.

18. 투시하라(X-ray)

전도를 성공시키려면 전도대상자의 마음을 훤히 꿰뚫어보는 투시의 능력이 있어야 한다. 전도인이 전도 성공을 위해 투시를 통해 알아내야 할 것은 '전도대상자의 참 필요'이다. 이것을 찾아내야 한다.

어떻게 참 필요를 알 수 있을까? 방법은 전도대상자의 질문에서 찾을 수 있고, 전도인이 질문을 던져 알아낸다. 또한 전도 시

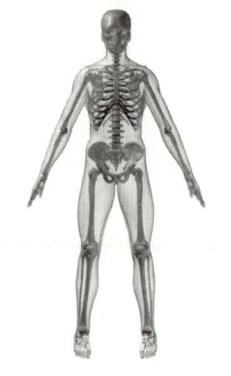

투시해야 할 것은 '전도대상자가 예수님과 교회에 대해서 어떻게 생각하고 있는가? 마음에 드는가 그렇지 않으면 마음에 들지 않는가? 교회에 나갈 마음은 있는가?' 하는 것이다. 그래야 전도 대화에서 성공할 수 있다.

이것도 질문을 통해서 알아내지만 전도대상자의 행동이나 제스처 또는 눈동자를 통해 안다. "눈을 보면 그 사람의 마음을 안다"는 말이 있듯이 전도대상자의 눈을 통해 전도대상자의 마음상태를 알 수 있게 된다.

전도인은 전도대상자를 투시할 뿐만 아니라 자기에 대해서도 검사를 하라. 당신 자신을 X-Ray해 보고 성공적 요소에 '야, 굉장하구나' 하고 말할 수도 있지만 실망할지도 모른다. 전도에 성공하려면 지식과 전도 기술 등이 X-Ray 판에 충분히 찍혀 있어야 한다.

19. 3가지를 화장하라

전도인이 전도에 성공하기 위해서는 3가지의 화장이 필요하다.

1) 외모의 화장을 하라

이는 상대에게 좋은 인상을 심어 주어 호감을 사는 것이다. 전도인은 불신자를 만나는 순간 먼저 자기를 매력적인 모습으로 멋지게 팔아야 한다. 예수를 팔기 전에 자기를 파는 것이 중요하다. 그러기 위해서는 발끝에서 머리끝까지 청결하고 세련미가 넘쳐야 한다.

2) 말의 화장을 하라

말은 전도인의 중요한 무기이다.

전도인이 많은 사람을 만나 많은 말을 하지만 전도를 성공시키지 못하는 것은 말에 문제가 있기 때문이다. 일부 여성 전도인을 보면 외모에는 상당히 신경을 쓰면서도 말의 화장은 등한시한다.

전도를 성공시키고 싶으면 말의 화장을 하라.

나는 전도할 때 말의 화장을 중요시하여 누구보다도 많이 전도했고, 5년 연속 전도왕이 되기도 했다.

텔레비전의 3초짜리 광고를 보면 극히 제한된 시간 속에서 보는 사람들로 하여금 주목을 끌고 흥미를 갖게 하여 구매 충동을 불러일으킬 때가 많다. 우리는 20분 정도의 시간을 예수, 교회 설명에 소비하면서도 상대방을 전도하지 못하는 경우가 허다하다. 이는 말의 화장이 안 되어 있기 때문이다.

말의 화장을 위해 텔레비전의 CM을 만드는 마음가짐으로 백지를 꺼내 불신자에게 접근하면서부터 예수 설명 종결 단계까지 순서대로 먼저 적어 본다. 그리고 읽어 내려가면서 필요없는 말은 빼고 상대로 하여금 교회에 나가고 싶은 마음이 저절로 생길 수 있게 하는 말들을 삽입한다. 또 한 번 읽고 말을 다듬는다. 부인, 자녀, 남편 앞에서 해 보이며 평가를 받는다. 고칠 것은 고친다. 그러면 결국 위력이 있는 말이 된다.

3) 마음의 화장을 하라

전도 성공의 시초는 마음의 청소부터라고 했다. 마음에서 무엇을 청소해야 하는가?

보통 전도인이나 실패하는 전도인을 보면 마음속에 '할 수 없다', '안 된다', '참으로 어렵다', '불가능하다' 등의 부정적인 사고를 지니고 있다.

이것이 바로 청소해야 할 마음의 때이다. 육체적인 때를 벗기는 것보다 더욱 중요하다.

어떤 전도인을 보면 전도를 시도하기도 전에 안 된다고 생각한다. 그런 생각을 가지고 상대를 만나 봤자 실패하고 만다.

마음의 화장은 마음속에 자리 잡고 있는 부정적 사고를 씻어내고 대신 '하면 된다,' '할 수 있다', '나의 능력으로 모든 것이 가능하다'는 생각으로 무장이 되어 있을 때를 말한다.

당신은 이 3가지에 완벽한 화장이 되어 있는가? 그렇지 못하다면 부족한 부분을 화장하라.

20. 도전적인 전도인이어야 한다

불신자를 성도로 만들기 위해서는 도전적이어야 한다. 도전이야말로 전도인의 중대한 전도 정신의 본질적 요소이다. 전도인이 전도 성공을 위한 도전적 자세가 결여되었다면 전도 실패는 물론이고, 성공하는 전도인이 될 수 없는 것이다. 전도의 성공을 위해서 전도인은 도전적이어야 한다. 전도대상자에 따라서 도전의 횟

수가 다르다.

　나는 서너 번이 아니라 10번 이상의 도전을 해서 전도에 성공하는 경우가 많다. 판교 메리어트 호텔 1층에 있는 롤링핀 빵집 사장의 경우에는 105번 도전을 하고 있다. 이제 사장 부인이 교회에 나오고 있다. 끈질긴 도전이 없었다면 그 일은 불가능했을 것이다.

　당신은 새로운 시장 개척을 위해 얼마나 많은 정력을 쏟는가? 피눈물 나는 노력을 하는가? 개척자 정신으로 전진하는가? 도전 없이는 되는 일이 없다. 도전에 대한 성공의 비결은 자신감, 용기, 끈기이다. 이 3가지를 무장하여 성공하라.

21. 전도는 등산과 같다

　전도를 등산에 비유하면 어떤 산은 쉽게 오를 수 있고 정상으로 직접 통하는 코스가 있는가 하면 어떤 산은 오르기가 극히 힘들어 여러 코스가 시도된다. 어떤 코스는 깎아지른 듯한 절벽과 센 바람이 장애가 된다. 끈질긴 노력 끝에 정상에 이르는 코스가 발견되고 정상은 정복되고 만다.

　전도도 등산처럼 쉽기도 하고 어렵기도 하다.

　전도자가 만나는 전도대상자가 매우 호의적이거나 관심적인 사람을 만나거나 전도 기술이 좋으면 전도는 쉽게 된다. 반면에 전도가 어려운 이유는 전도자가 만날 전도대상자가 적대감을 가진 사람이나 반항적인 사람인데 전도 기술마저 부족하면 전도가 어렵게 된다.

그러나 전도 기술이 뛰어나고 장애물을 극복하기 위해 기도로 끈기를 가지고 노력하면 정복하게 된다. 아마추어 전도자들은 어려운 상대(적대감을 갖고 있거나 반항적인 사람)를 가급적 피해야 한다. 수학 문제를 풀 때 쉬운 문제를 많이 푼 후에 어려운 문제를 대해야 풀 수 있듯이 전도도 참고 삼아 지혜롭게 해야 한다. 이 방법은 나의 전도 경험에서 터득한 것으로 현재 나는 모든 상대를 다 만나고 있다.

02
마케팅 전도법

- 섬기는 교회의 자랑거리는 불신자로 하여금 교회 선택의 중요한 요소이며 기준이다.
- 칭찬은 말의 꽃다발이요, 전도 성공의 열쇠이다.
- 예수님처럼 위하고 존중하고 친절히 대하라.
- 전도에서 미끼 사용은 전도 성공의 핵심이다.
  미끼는 예수님, 교회, 목사님, 맛집

II. 마케팅 전도법

1. 마케팅 전도법 – 마케팅이란?

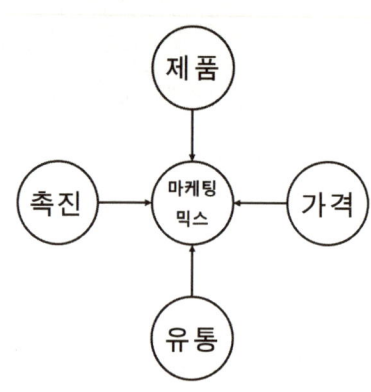

마케팅이란 회사가 만든 제품이나 서비스를 적절한 가격(좋은 가격)을 붙여 유통을 통해 소비자들이 사용할 수 있도록 만드는 것을 말한다. 마케팅을 잘하기 위해서는 먼저 시장조사를 통해 수요 예측, 판매 예측, 라이프 스타일, 구매 동기조사를 하여야 하고 제품에 관한 조사를 실시하여 '소비자가 필요할까? 사고 싶어 할까? 제품 이름, 디자인, 색상, 성능, 기능, 품질 등이 탁월한 제품을 어떻게 만들어야 소비자가 만족할 수 있을까?' 또는 타 경쟁회사와 비교해서 뛰어나도록 차별화를 시도한다.

이렇게 해서 만든 제품을 직접유통과 간접유통이란 유통 전략을 통해 판매를 하게 된다. 유통은 파이프와 같아서 유통이 원활하지 않을 시는 촉진 전략의 물적 촉진인 광고나 인적 촉진인 세일즈맨을 시장에 투입하여 유통이 잘 흐를 수 있도록 만들거나 직판을 통해 성공을 거둘 수 있다. 또한 항공회사의 마일리지나 주유소, 빙수, 커피회사의 쿠폰이나 스탬프를 이용하여 유통을 촉진하는 통합적 촉진이 있다.

교회 마케팅에서 마케팅 전도를 효과적으로 하기 위해서 마케팅 전문가로서 하나님의 영감으로 마케팅 전도법을 만들었다.

마케팅 전도법이란 하나님이 만든 상품(복음)을 전도자를 통해 불신자에게 파는 것을 말한다. 마케팅 전도법은 독특하게 창안된 나의 시스템임을 밝히는 바이다.

MARKETING 전도법
(이니셜로 9가지 마케팅 전도법 소개)

1	2	3	4	5	6	7	8	9
M	A	R	K	E	T	I	N	G
↓	↓	↓	↓	↓	↓	↓	↓	↓
Market	Attack	Research	Knowledge	Evangelism	Target	Image	Newborn	Go to heaven
시장	공격	조사	지식	전도	공격 대상	이미지	재생	천국 가다

1) 전도시장 : 한국 불신자 시장-39,348,000명(2015년 1월)

> 전국 인구수 : 51,448,000명
> 기독교인 수 : 7,000,000명
> 천주교인 수 : 5,000,000명

전도인이 소속되어 있는 교회의 지역권 내의 불신자 수를 알고 있으면 전도에 도움이 된다. 불신자 수 파악법은 통계청이나 동사무소, 아파트 단지 관리사무소를 통해 알 수 있다.

2) 공격 전략(Attack) – 공격하라

전도는 사람을 만나는 하나님의 일이다. 사람을 만나지 않고는 전도할 수 없다. 전도할 만한 사람이라면 누구라도 만나러 가야 한다. 오라고 하지 않아도 가야 한다.

"누에는 입에서 비단실을 뽑아내고 조개는 진주를 만든다"고 한다. 전도인인 당신은 전도를 해야 한다. 당신은 용기가 있는 적극적인 전도인이 되어야 한다. 공격을 하지 않고는 전도 실적도 없고 자기의 전도 능력이 무용지물이 되고 만다. 어떠한 경우라도 만나야 할 사람은 꼭 만나야 한다.

"호랑이를 잡으려면 호랑이 굴 속에 들어가야 한다." 만날 수 없는 사람은 진정한 전도대상자라고 할 수 없다. 전도인은 용기를 가지고 전도대상자를 만나기 위해 어디든지 들어가야 한다.

장사에 거미상법이란 말이 있다. 이 말의 뜻은 거미가 거미줄을 쳐 놓고 먹이가 되는 벌레가 걸려들면 그것을 먹고 살아가는 것처럼 가게 문을 열어 놓고 손님이 오기를 기다리는 장사법을 말한다. 이런 장사법으로는 가게가 망한다.

교회도 거미상법처럼 교회를 열어 놓고 예수 믿을 사람이 찾아오겠지 하고 기다리고 있는 경우가 상당히 많다. 이런 교회는 부흥은커녕 존립도 어렵다.

교회 부흥과 성장의 4대 요소를 보면, 첫째는 예배, 둘째는 전도, 셋째는 봉사, 넷째는 교육이다. 여기서 둘째 전도의 중요성은 말할 것 없이 매우 중요하다. 교회마다 동기부여할 수 있는 전도의 문화를 만들고 적극적으로 전도하는 교회가 되어야 한다. 공격적으로 전도하는 문화의 창출은 미래가 있고 비전이 있다.

공격적인 전도의 형태는 전도인이나 교역자 모두가 찾아 나서는 것만을 말하는 것은 아니다. 다음의 것도 공격적인 전도이다.

[공격적인 전도 활동]

① 전도인이 직접 전도대상자를 찾아 나선다.
② 전단을 뿌리고 DM(직접우편물)을 발송한다.
③ 아파트 문고리마다 주보를 부착한다.
④ 아파트 단지 내에 부스를 설치하고 교회 유인물과 차 대접
⑤ 교회 인접 아파트나 상가에 눈이 온 경우 눈 쓸기
⑥ 교회 앞이나 사람이 많이 왕래하는 길목에 부스를 설치하고 부침개나 차를 대접하며 전도
⑦ 이웃 초청 체육대회
⑧ 총동원주일 초청잔치
⑨ 주민을 위한 바자회
⑩ 문화센터, 시니어대학, 주부대학 등 개최
⑪ 비오는 날 우산 빌려 주기
⑫ 세차해 주기

🔑 공격 전략

어떠한 대상자를 공격하여야 전도가 용이한가? 전도하기가 쉬운 사람부터 만나는 것이 현명하다. 가장 전도하기 쉬운 부류는 수용적인 자, 관심적인 자고 그다음 중도형인 무관심한 자다.

[수용적인 부류의 사람들을 보면]

- 새로 이사 온 사람
- 사고를 겪고 병원에 입원한 사람
- 사업에 실패한 사람
- 큰 시험을 앞둔 사람
- 출산을 앞둔 임산부
- 사별한 사람
- 가정불화에 있는 사람
- 삶의 상처 때문에 두려움을 갖고 있는 사람
- 장사가 힘든 사람
- 기독교인에게 어떤 도움을 받은 경험이 있는 사람
- 시한부 인생을 사는 사람
- 좋은 기독교인을 곁에 두고 있는 사람
- 자식이 군대에 입대한 부모

실력이 붙으면 그 이후에는 복음에 비수용적인 부류인 반항적인 자와 적대감을 가진 자를 만날 수 있다. 반항적인 자는 복음을 거부하지만 적대적이진 않은 사람을 말하고, 적대감을 가진 자는 복음을 극도로 거부하며 적대적인 태도를 보인다. 수학 문제를 푸는 이치와 같이 쉬운 문제부터 풀고 실력이 쌓이면 어려운 문제도 푸는 것이다.

3) 시장조사(Research) - 조사하라

마케팅 전도의 성공을 위해서 먼저 시장조사가 선행되어야 한다. 그리고 시장 환경의 변화를 알아야 한다. 인구가 늘고 있는가 줄고 있는가 인구의 움직임을 파악하고 있어야 하고, 지역이 발전하고 있는가 퇴보하고 있는가? 앞으로의 도시계획도 시청이나 구청을 통해 알아야 한다.

자기 교회가 있는 지역(상권) 내의 경쟁 교회는 얼마나 되고 앞으로 출현하는 교회는 몇 개가 더 있는가? 우리 교회에 출석하는 교인들이 출석하게 된 동기는 무엇인가? 현재 만족하고 있는가? 어떤 점에 만족하고 어떤 점에 불만족하는가도 알아야 한다. 자기 지역 내에 재개발, 재건축, 리모델링 계획이 있는가도 알아야 한다.

무엇보다도 우리 교인과 지역 주민들의 소득수준, 생활수준, 학력, 연령 등을 알아야 하고 연령에서는 10대, 20대, 30대, 40대, 50대, 60대, 70세 이상 등 구성비율을 알고 있으면 마케팅 전도하는 데 큰 도움이 된다. 또한 전도대상자들이 예수를 믿는 동기도 알아야 한다.

🔑 **예수 믿는 동기**

예수 믿는 동기는 다양하다.

(1) 구원받기 위해서

사도행전 16:31 "주 예수를 믿으라 그리하면 너와 네 집이 구원을 받으리라."

"두 사람이 싸운 뒤 서로 합의를 보지 않아 3년 동안 감옥생활을 할 수밖에 없다면 당신은 합의를 보기 위해 최선을 다하겠지요. 그런데 영원히 지옥 가느냐 천국 가느냐의 인생 최대의 중대 문제에 대해서는 어떻게 생각하십니까? 이보다 더 중요한 일이 없습니다. 이제는 결단을 내리고 예수님을 믿어야 합니다. 그래야 당신은 구원을 받습니다."

(2) 부활을 믿기에

시편 16:10 "이는 주께서 내 영혼을 음부에 버리지 아니하시며 주의 거룩한 자를 멸망시키지 않으실 것임이니이다."
마가복음 16:6 "놀라지 말라 너희가 십자가에 못 박히신 나사렛 예수를 찾는구나 그가 살아나셨고 여기 계시지 아니하니라 보라 그를 두었던 곳이니라."

"부활을 증거하다 죽임을 당한 순교자들을 보면 부활은 부인할 수 없는 사실임을 확신할 수 있습니다."

① 역사적 증거: BC(Before Christ), AD(Anno Domini)를 전 세계에서 사용하고 있다.

② 성경적 증거 : "하나님께서 그를 사망의 고통에서 풀어 살리셨으니 이는 그가 사망에 매여 있을 수 없었음이라"(행 2:24).

"그가 여기 계시지 않고 그가 말씀하시던 대로 살아나셨느니라 와서 그가 누우셨던 곳을 보라"(마 28:6).

③ 예수님이 세 사람(나인 성 과부의 아들, 나사로, 회당장의 딸)을 살리심으로 생명의 주인 되심을 보여주셨다.

④ 로마 병사들의 증거 : 로마 병사들이 지키고 있어서 훔쳐 갈 수 있는 상황이 아니었다.

⑤ 주님이 스스로 증거하심 : "내가 살아난 후에 너희보다 먼저

갈릴리로 가리라"(마 26:32).

⑥ 제자들이 증거함 : 도망 갔던 제자들이 부활하신 주님을 만난 후에 복음을 전파하러 다녔다.

⑦ 군중들이 증거함 : "이 예수를 하나님이 살리신지라 우리가 다 이 일에 증인이로다"(행 2:32).

⑧ 사회학적 증거 : 유대인도 할례 대신 세례를 받고, 안식일 대신 주일을 지킨다.

⑨ 성령의 증거 : 십자가와 부활을 증거(행 2:22-24).

⑩ 심증 : 우리가 그리스도의 부활을 믿습니다.

이 모든 것들이 예수님의 부활을 강력하게 증거한다.

(3) 천국 가기 위해서

- 믿는 자는 천국 시민임을 확신합니다.

빌립보서 3:20 "우리의 시민권은 하늘에 있는지라"

- 천국에는 예수님을 믿는 사람들만 들어갈 수 있습니다.
- 지옥은 고통이 극심한 곳(계 20:11-15)

(4) 주님은 나의 힘, 소망, 축복이 되기 때문에

(5) 가치 있는 삶을 살기 위해서

(6) 주위에서 예수 믿는 사람들의 삶의 태도를 보고

(7) 기도하기 위해서

(8) 내 인생의 안내자이기 때문에

(9) 경제적 위기, 질병, 이혼, 가정불화, 사업 실패, 아들 군입대 등으로 인해

(10) 인간관계로 인해

(11) 건강을 위해

(12) 공포증 때문에

(13) 안정을 바라는 마음

(14) 전도인의 적극적 권면

4) 지식(Knowledge) – 이론 무장

🔑 지식 무장

회사의 영업사원(세일즈맨)이 제품을 잘 팔기 위해서는 무엇보다도 제품에 대하여 많이 알아야 되듯이 교회의 전도인도 복음을 잘 팔기 위해서는 예수님, 교회, 담임목사에 대하여 알아야 하고 자랑거리를 찾아 강조해야 한다. 지식은 자신감을 낳고 자신감은 열정을 낳는다. 열정은 대화를 전염시켜 성공으로 이끈다.

🔑 예수님에 대하여

예수님은 하나님의 아들로서 성령으로 잉태되셨기에 예수님만이 인간의 죄 문제를 해결할 수 있다. 그러나 인간의 혈통으로 태어난 석가, 공자, 마호메트는 죄의 문제를 해결할 수 없다. 예수님은 죽은 지 3일 만에 부활하셔서 하늘에 계시기에 무덤이 없다.

석가, 공자, 마호메트는 부활이 없다. 죄가 죄로 남고 무덤을 가지고 있다. 예수님은 우리의 유일한 구원자이시다. "주 예수를 믿으라 그리하면 너와 네 집이 구원을 받으리라"(행 16:31)고 하셨고, "내가 곧 길이요 진리요 생명이니 나로 말미암지 않고는 아버지께로 올 자가 없느니라"(요 14:6)고 말씀하셨다. 다른 종교로는 구원을 받을 수 없다(행 4:12).

🔑 왜 예수님을 믿어야 합니까?

(1) 심판받지 않기 위해서

마가복음 16:16 "믿고 세례를 받는 사람은 구원을 얻을 것이요 믿지 않는 사람은 정죄를 받으리라."

(2) 죄 사함을 얻기 위해서

골로새서 1:14 "그 아들 안에서 우리가 속량 곧 죄 사함을 얻었도다."

석가모니를 믿어서는 죄 사함을 못 받는다.

(3) 영혼을 구원받아 천국에 가기 위해서

베드로전서 1:9 "믿음의 결국 곧 영혼의 구원을 받음이라."

(4) 예수님이 계셨고, 믿기에

예수님의 탄생 – "처녀가 잉태하여 아들을 낳을 것이요 그의 이름은 임마누엘이라 하리라."(마 1:23).

죽으심과 부활 – 예수님께서는 십자가에서 돌아가신 후 부활하실 것을 예언하셨고 예언대로 다시 사셨다(눅 24장; 마 26:32; 고

전 15:12-22).

이렇게 모든 예언의 말씀이 그대로 이루어졌다.

(5) 병을 고치는 능력을 믿기에

성경에서는 죽은 자도 살리시고 병 고치는 능력을 수없이 보여주었다.

베드로전서 2:24 "그가 채찍에 맞음으로 너희는 나음을 얻었나니."
야고보서 5:15 "믿음의 기도는 병든 자를 구원하리니 주께서 그를 일으키시리라."

(6) 강건하기 위해서

요한삼서 1:2 "사랑하는 자여 네 영혼이 잘됨같이 네가 범사에 잘되고 강건하기를 내가 간구하노라."

(7) 영생을 얻기 위해서

요한복음 3:16 "그(주)를 믿는 자마다 멸망하지 않고 영생을 얻게 하려 하심이라."

(8) 천국이 가까이 왔다

마태복음 4:17 "회개하라 천국이 가까이 왔느니라 하시더라."
요한복음 3:5 "사람이 물과 성령으로 나지 아니하면 하나님의 나라에 들어갈 수 없느니라."

(9) 쉼을 받기 위해

마태복음 11:28 "수고하고 무거운 짐 진 자들아 다 내게로 오라 내가 너희를 쉬게 하리라."

(10) 구하기 위해서

마태복음 7:7 "구하라 그리하면 너희에게 주실 것이요 찾으라 그리하면 찾아낼 것이요 문을 두드리라 그리하면 너희에게 열릴 것이니."

(11) 시인받기 위해서

마태복음 10:32-33 "누구든지 사람 앞에서 나를 시인하면 나도 하늘에 계신 내 아버지 앞에서 그를 시인할 것이요 누구든지 사람 앞에서 나를 부인하면 나도 하늘에 계신 내 아버지 앞에서 그를 부인하리라."

(12) 복 있는 사람이 되기 위해서

시편 1:1 "복 있는 사람은 악인들의 꾀를 따르지 아니하며 죄인들의 길에 서지 아니하며 오만한 자들의 자리에 앉지 아니하고."

(13) 형통하기 위해서

시편 1:3 "시냇가에 심은 나무가 철을 따라 열매를 맺으며 그 잎사귀가 마르지 아니함 같으니 그가 하는 모든 일이 다 형통하리로다."

(14) 소원을 이루기 위해서

시편 20:1-4 "하나님의 이름이 너를 높이 드시며 성소에서 너를 도와 주시고 시온에서 너를 붙드시며 네 모든 소제를 기억하시며 네 번제를 받아 주시기를 원하노라 (셀라) 네 마음의 소원대로 허락하시고 네 모든 계획을 이루어 주시기를 원하노라."

(15) 장수하기 위해

시편 21:4 "주께서 그에게 주셨으니 곧 영원한 장수로소이다."

(16) 여호와는 나의 목자시니

시편 23:1-6 "여호와는 나의 목자시니 내게 부족함이 없으리로다 그가 나를 푸른 풀밭에 누이시며 쉴 만한 물 가로 인도하시는도다 내 영혼을 소생시키시고 자기 이름을 위하여 의의 길로 인도하시는도다 내가 사망의 음침한 골짜기로 다닐지라도 해를 두려워하지 않을 것은 주께서 나와 함께 하심이라 주의 지팡이와 막대기가 나를 안위하시나이다 주께서 내 원수의 목전에서 내게 상을 차려 주시고 기름을 내 머리에 부으셨으니 내 잔이 넘치나이다 내 평생에 선하심과 인자하심이 반드시 나를 따르리니 내가 여호와의 집에 영원히 살리로다 내 잔이 넘치나이다. 나의 평생에 선하심과 인자하심이 정녕 나를 따르리니 내가 여호와의 집에 영원히 거하리로다."

🔑 **예수님을 믿으면 어떤 유익이 있습니까?**

1) 하나님의 자녀가 되었습니다.
2) 구원을 선물로 받았습니다.

3) 죄 사함을 받았습니다.

4) 이제 천국시민이 되었습니다.

5) 당신의 기도가 응답됩니다.

6) 당신은 사탄의 세력을 물리 치는 승리자가 되었습니다.

7) 하나님을 믿으면 잘살게 됩니다.

8) 예수님만이 해결자임을 알게 됩니다.

🔑 교회 자랑

섬기는 교회의 자랑거리는 불신자로 하여금 교회 선택의 중요한 요소이며 기준이다. 교회 자랑거리를 찾아 설명을 해야 전도가 잘된다. 교회마다 자랑거리가 있다. 내가 소속되어 있는 한신교회의 자랑거리를 찾아보기로 하겠다. 전도인들은 자기 교회의 자랑거리를 모두 찾아 전도 시 활용하면 된다.

① 한신교회의 설립자 故 이중표 목사는 누구인가?
- 하나님을 뜨겁게 사랑하는 목사
- 민족을 사랑하는 목사

- 역사의 새벽을 깨우는 사명을 받은 목사
- 한국 민족을 신자화하라는 계시를 받은 목사. 거기에서 한신교회의 이름이 나왔다.
- 이 땅의 현실이 암담한 시절 가나안을 향해 앞장섰던 모세와 같은 사람, 눈물의 선지자
- 전국 목회자를 통해 46,000명을 살린 가장 영향력을 끼친 분
- 한국교회의 3대 브랜드 중 하나를 만드신 분
  첫째, 한신교회의 전국 목회자 세미나
  둘째, 사랑의교회의 제자교육
  셋째, 명성교회의 새벽기도

분당의 6,500평 대지 위에 분당 민족성전을 세워 그곳을 한신교회의 본부(Headquarter)로 정하고 그곳에서 민족의 화해, 남북통일에 주축이 되고, 한국 민족의 신자화의 꽃을 피우는 교회, 별세신학의 결실을 위해 "별세연구원" 설립과 전국 목회자 세미나 개최 등 큰 비전을 가지고 설립한 교회.

故 김대중 대통령 시절, 국가 조찬기도회의 설교자로 초청되어 대통령을 울린 설교자로 유명하다. 외국인 노동자를 사랑하셔서 외국인 노동자 전용 병원을 설립했다. 애국자가 되기 바랐고 평생을 주님만을 위해 산 예수님 사람이다.

섬김의 목회를 한 분이다. 저녁에 굴뚝에서 연기가 피어오르지

않는 집이 있으면 양식을 퍼다 주었고, 거지를 만나면 꼭 먹을 것을 챙겨 주고, 떨어진 속옷을 입고 있는 아이들을 보면 어떻게든 속옷을 사다 입혀 주었다. 아내가 결혼할 때 가져온 이불과 요강까지도 없는 집에 가져다 주었다. 그는 예수님처럼 삶을 살았다.

그의 설교는 늘 민족을 사랑하는 뜨거운 예언자의 소리가 되어 예레미야의 눈물로 얼룩졌다.

故 이중표 목사 하면 별세신앙이다. "내가 그리스도와 함께 십자가에 못 박혔나니 그런즉 이제는 내가 사는 것이 아니요 오직 내 안에 그리스도께서 사시는 것이라 이제 내가 육체 가운데 사는 것은 나를 사랑하사 나를 위하여 자기 자신을 버리신 하나님의 아들을 믿는 믿음 안에서 사는 것이라"(갈 2:20). 故 이중표 목사님은 예수님과 함께 죽고 예수님과 함께 사는 별세의 신앙을 계발하여 우리 모두를 살리는 위대한 신앙을 남겼다.

故 이중표 목사는 1999년 9월 14일 기장 총회장으로 취임하여 한국교회의 일치와 연합을 위해 헌신하셨다. 이때 교단의 벽이 무너지고 하나로 가는 기틀을 만드셨다. 기장 역사상 큰일을 하신 총회장으로 남게 되었고 자랑스러운 인물로 모든 이들의 추앙을 받았다.

거지(巨智) 이중표 목사는 2005년 7월 7일 하나님의 부르심을 받아 소천하셨다. 모든 교인은 통곡하고, 한국의 모든 언론이 종교계의 큰 별이 떨어졌다고 애석해했으며 특히 국민일보는 5일간 연속 그의 사상과 별세신앙에 대해 소개하고 그의 삶을 연재하였다. 그는 참으로 모든 이들로부터 존경받을 위대한 큰 인물이었다. 그의 별세신앙은 지금도 살아서 우리에게 큰 귀감이 되고 삶의 가르침이 되고 있다.

② 2대 목사 이윤재 목사는 누구인가?

6·25 한국 전쟁 당시 한 시골 예배당에서 태어났다.

집안 신앙의 내력을 보면 선교사에게 복음을 들은 증조모 때부터 시작되었고 2대째 할아버지는 미션스쿨인 신흥학교 입학 때부터 시작하였다. 부친과 백부도 교회 장로였다.

목사님은 어릴 적부터 남다른 총명함으로 공부를 잘해서 명문고인 전주고를 졸업한 후 목회자가 되기를 바라던 집안 어른들의 생각과는 달리 서울법대에 들어가 판검사가 되겠다는 결심을 했다. 그런데 예비고사를 코앞에 두고 그만 하숙집에서 연탄가스에 중독돼 시험도 볼 수 없는 처지가 됐다. 다음 해 전북대 영문과에 들어갔다가 중도에 그만두고 25세 때 기도원에 들어가 불 같은 성령을 받고 목회자가 되기로 작정했다.

서울신대와 연세대 신학대학원, 한신대 신학대학원 졸업 후 한신교회 전도사로 부임하여 계시다가 부목사 시절 때 이스라엘 예루살렘 대학으로 유학을 떠났다.

　그곳에서 성경을 아주 능수능란하게 통달하셨고 예수님의 영성과 별세를 배웠다. 그 후 미국으로 건너가 샌프란시스코 신학대학원에서 박사 학위를 받고 다시 버클리 연합신학대학원에 입학하여 공부하셨다. 그곳에서 목사님과 사모님의 미국 생활은 다소 어려웠지만 훗날 목회에 많은 도움이 되었다. 마트, 주유소에서 두 자녀들과 함께 거리 청소를 하며 그 수입으로 생활(공부)하셨다.

　이윤재 목사님은 10년 전 故 이중표 목사님의 소천 후 바로 한신교회 2대 목회자로 부임하셨다. 이윤재 목사님은 故 이중표 목사님의 다음 목회를 위해 미리 준비된 목사님이셨다. 한신교회 부임 전 어느 날 어머님의 꿈에서 이윤재 목사님께서 분당민족성전에서 설교하는 모습을 생생하게 보았다고 한다. 하나님께서 예비한 교회임을 어머님(권사)께 알렸다. 목사님의 설교는 자타가 인정하는 명설교이다. 마음속 깊이 울리는 감동적인 설교는 우리를 행복하게 해 준다.

　그 누구도 따라올 수 없는 현장감 넘치는 생생한 설교는 본인이 이스라엘에서 공부할 때 성경을 깊이 깨달음에서 오는 것 같다. 한 편의 드라마처럼 등장인물들의 생생한 연기는 우리를 흥분하게 한다. 한신교회의 이윤재 목사님은 최고의 요리사(쉐프)이다. 한신교회는 영양가 있는 음식으로 최고의 맛을 내는 쉐프가 있는 맛집이다. 목사님은 바울의 지성과 베드로의 영성과 다윗의 믿음을 지닌 목회자이다. 목사님은 생명을 살리는 성경의 재료로 요리하는 기술이 탁월하다. 목사님의 설교는 하나님의 말씀으로만 구성된다. 설교의 구성력도 뛰어나지만 스피치도 훌륭하시다. 목사님이 강대상에 서 있을 때의 모습은 빛이 나고 멋지다. 다양한 프로그램 개발과 성경공부의 가르침이 특출나게 뛰어나다. 배우는 사람마다 그의 지식과 영성에 혀를 차고 감탄한다.

이윤재 목사님의 성품은 솔직하고 회막문을 지켰던 여호수아 같은 성실함을 가지셨다. 예수님의 삶의 여러 면에서 볼 수 있는 것처럼 이윤재 목사님의 설교 준비의 열정, 스피치의 열정, 기도의 열정, 심방의 열정, 성경 가르침의 열정은 목회자로서 크게 성공할 수 있는 조건과 비결을 지니고 있다. 그에게 나오는 에너지는 금방 잡은 큰 물고기가 펄떡펄떡 뛰는 것 같은 에너지를 항상 발산한다.

목사님은 자랑할 게 많다. 목사님은 엄청난 독서량을 가지고 있고, 영성과 지성의 조화를 위해 세계적인 영성의 석학들을 직접 만나 배우고, 삶에서 느끼고, 그의 서적에서 배우는 열정을 불태우고 있다.

수요예배의 설교는 성경 공부식 방법으로 차별화되어 깊이 있는 성경 지식을 이야기식으로 유익하고 흥미있게 가르치고 있어

신앙생활에 유익하고 삶의 변화도 가져오고 있다. 목사님은 집중력, 판단력, 끈질긴 노력에서 남보다 뛰어나다. 타고난 체력을 가지고 계시지만 피곤한 가운데서도 심방에 자신을 쏟아 붓는 모습은 참으로 아름답다.

전국 목회자 세미나는 1~19회까지는 故 이중표 목사님께서 하셨고, 20~25회까지는 이윤재 목사님께서 이어 받아 개최하고 있다. 최고의 브랜드 평가(브랜드 품질, 브랜드 신뢰성, 브랜드 고려성, 브랜드 경쟁성)를 받은 한국 최고의 세미나로 알려져 있다.

얼마 전 주보 칼럼에서 이윤재 목사님이 "두 가지(기도, 사랑)를 잘못했습니다"라고 고백하는 내용에서 나는 신선한 충격을 받았다. 더 기도하고 더 사랑하지 못한 점을 용서해 달라고 밝혔다. 일반 목회자 같으면 만족할 만한 목회였다. 그러나 "더 기도하고 더 사랑할 수 있는데" 예수님은 어떻게 하셨는데 그렇지 못한 점을 반성하고 더 잘하겠다는 각오를 밝히는 내용에서 목사님의 순수하고 정직함을 만날 수 있어 한신교회의 미래를 보는 것 같았다.

한신교회의 이윤재 목사님은 2015년 미래목회포럼 대표가 되면서 200여 교단으로 찢어진 한국교회를 하나로 묶어내는 에큐메니칼 운동을 전개해 한국교회의 연합과 일치를 위해 노력하고 계시고 그 운동의 하나로 100여 교회와 강단 교류를 선포하여 주일예배로 실시하고 있다. 우리 교회의 이윤재 목사님은 거룩한빛 광성

교회 정성진 목사님과 강단 교류를 하였다. 미래목회포럼은 이 땅에 확산되는 반기독교적 세력에 대처해 왔고 한국교회의 나침반이요, 파수꾼 역할을 하고 한국교회의 싱크탱크 역할을 하고 있다.

미래목회포럼과 함께하는 교회로는 한신교회(분당), 강변교회, 신촌성결교회, 새에덴교회, 호산나교회, 할렐루야교회, 분당우리교회, 신반포중앙교회, 선한목자교회, 지구촌교회, 덕수교회, 과천소망교회, 주님의교회, 부천교회, 연동교회, 거룩한빛 광성교회, 양곡교회, 새로남교회, 충정교회, 전주서문교회, 수원중앙교회, 주안장로교회, 부산영락교회 등 많은 교회들이 참여하고 있다.

③ 이윤재 목사님은 우리 교회의 자랑
- 말씀 좋고, 목양관리 잘하고, 사욕 없고 성실함, 정직함을 지닌 참신한 목회자, 선교와 구제에 관심 많은 목회자, 교회 운영에 창조적이고 혁신적인 목회를 하는 분
- 전국 목회자 세미나를 통해 한국 모든 목회자를 섬기는 분
- 미래목회포럼 대표로 한국교회의 연합과 일치를 위해 헌신하고 계시는 분
- 시니어 대학 운영을 통해 이웃 노인을 섬기는 분
- 문화센터와 북카페 운영을 통해 지역사회의 아이들과 어른들을 섬김

- 내일을 여는 집과 노숙인센터를 운영함으로써 어려운 사람들을 돌봄
- 선교사 파송과 선교센터, 학교건립, 해외목회자 세미나 등으로 해외선교에 주력 - 인도, 중국, 이집트, 나이지리아, 네팔, 프랑스, 일본, 태국 등
- 한국 미자립교회 지원(50개 교회)
- 임수예 사모님
  - 판교 입주 시 전도를 위해 전 지역 아파트 단지를 발이 부르트고 터지도록 누비는 활약상에 감탄
  - 누구보다 교회를 위해 기도를 많이 하는 분
  - 목사님께 큰 힘의 내조자이시다.
- 매년(크리스마스 때) 다문화 가정을 위한 초청잔치를 연다.
- CTS TV에 10여 년간 출연하고 있는 목사님은 해박한 지식과 영성을 바탕으로 많은 시청자에게 생동감 넘치는 설교로 머리와 가슴까지 기쁨과 희망을 일으키는 명강사이다. 목사님은 한신교회를 마지막 종착지로 여기고 혼신의 힘을 다하고 계신다.

전도상담 시 예수님 자랑은 물론이고 자신의 교회와 목사님 자랑을 해야 전도가 잘된다. 내가 우리 한신교회와 故 이중표 목사

님, 이윤재 목사님 자랑을 많이 한 것은 모든 자랑거리를 다 하라고 한 것은 아니다. 당신도 자랑거리를 모두 찾아내어 꼭 자랑해야 할 것을 강조해야 한다. 자랑거리는 지루하지 않고 재미있게 전달해야 효과적이다.

🔑 전도자의 자랑

판매에서 고객이 물건을 살 때 브랜드나 상품을 보고 물건을 사겠지만 판매원을 보고 물건을 사는 경우가 많다. 판매원의 접객 태도, 응대 기술, 서비스 정신, 성실, 친절 등 사람을 보고 물건을 산다. 전도 역시 전도자에 의해 전도가 잘되기도 하고 안 되기도 한다.

그렇기 때문에 전도자는 관계성, 사랑, 배려, 섬김, 친절 등이 전도자의 자랑거리가 되고 강점이 되어야 한다.

🔑 비전도자의 자랑

전도자는 비전도자의 자랑거리에 칭찬하는 마음과 기술이 뛰어나야 한다. 비전도자가 자랑거리를 말할 때 그 자랑을 칭찬으로 자랑해 주어야 한다. 칭찬에 인색한 사람은 전도도, 판매도 잘 못한다. 칭찬은 상대방으로부터 호감을 산다. 대화하고 싶은 마음을 갖게 만든다. 거절을 못하게 한다. 칭찬은 전도의 무기이다.

5) 전도전략과 방법(Evangelism)

(1) 전도의 기본적인 방법과 절차

🔑 **바른 절차가 전도 성공의 열쇠**

전도에도 기본적인 절차가 있다. 전도 상담을 성사시키는 데는 전도인 개개인의 독특한 방법도 한몫을 하겠지만, 대개의 경우 기본적인 패턴을 무시해서는 제대로 성사시키기가 어렵다. 따라서 전도의 올바른 프로세스를 밟는 것이 전도 상담 성공의 첫 열쇠라 할 수 있다.

상담 전의 준비와 상담 중의 태도로 크게 나누어 알맞은 절차를 생각해 보자. 우선 사전 준비로는 다음의 세 가지를 이야기할 수 있다.

① 방문 목적을 분명히 한다.

목적이 분명치 않은 상담에서는 아무런 성과도 얻을 수 없다. 그 목적도 되도록 세분화해서 분명하게 해야 한다. 전도하기만 하면 된다는 막연한 생각으로는 안 된다. 전도에도 프로세스가 있다.

'인간관계를 구축하는' 접근 → '예수님과 교회 설명이 주제(主題)가 되는' 본론(本論) → '거절의 진의(眞意) 발견에 노력하는' 거절 처리 → '전도할 의욕을 발견한 전도 결정'을 위한 마무리.

위의 항목에서 그날의 방문 목적은 어느 단계인지를 분명히 알아 두어야 한다.

② 목적 수행을 위한 계획을 수립한다.

목적이 분명해지면 알맞은 모든 수단과 방법을 강구하는 것이 다음 단계이다. 그날의 목적을 달성하기 위해서는 어떤 수단이 좋은가를 모두 열거하고 그 중에서 가장 알맞은 것을 선택한다. 예를 들면, 인간관계를 구축한다는 것이 목적이라면 그 전도대상자의 취미라든가 맞장구칠 수 있는 화제의 내용을 사전에 준비하는 것 등이 필요하다.

③ 계획을 실천할 수 있도록 준비한다.

이를 위해서는 명함, 카탈로그, 소개장, 새신자 등록카드 등의 자료나 용구(用具)의 준비가 필요하다. 또 '자! 시작이다'라는 마음의 준비, 화제의 전개 등을 생각하기 위한 사전 지식이 필요하다.

🔑 접근의 올바른 방법 5가지

이상의 준비가 끝났으면 상담으로 들어가자. 시작이 좋으면 끝도 좋다. 접근의 좋고 나쁨이 상담 성립의 열쇠가 된다. 접근이 좋으면 50-90% 전도가 된다.

① 피전도인(전도대상자)의 불안감과 경계심을 없앤다.

첫 대면 때 전도대상자는 무엇을 하는 사람일까 하는 경계심을 갖게 된다. 그렇기 때문에 처음부터 전도하고야 말겠다는 태도는 역효과가 된다.

② 좋은 인상으로 인간관계를 만든다.

전도인에게 있어서 인상보다 더 중요한 것은 없다. 인상은 전도대상자의 신용을 좌우한다. 복장, 태도, 언어 등에 세심한 주의가 필요하다.

③ 감사하는 마음을 갖는다.

전도대상자는 귀중한 시간을 할애해서 만나 주고 있다. 감사하는 마음으로 미소를 잊지 말고 성실한 태도로 대해야 한다. 성실성은 인간관계의 주춧돌이다.

④ 말과 행동에 신중을 기한다.

어금니에 무엇이 낀 듯한 말이나 도(度)에 지나친 아첨이나 간사스러움은 피해야 하며 눈을 치켜뜨는 것도 금물이다. 솔직하면서 밝은 태도가 좋다.

⑤ 전도대상자에게도 말을 하게 해서 타협의 분위기를 조성한다.

서로 터놓고 타협하는 데는 대화가 제일이다. 가급적이면 전도대상자로 하여금 많은 말을 하게 하여 듣는 편에서 접근을 시도해야 한다. 전도대상자의 말이 많으면 많을수록 의사소통에 성공했다고 할 수 있다.

🔑 가장 중요한 첫인상

'중이 미우면 옷까지 밉다'라는 말과 같이 좋지 못한 몸가짐은 끝까지 불리하다.

① 복장과 몸가짐에 주의한다.

처음 방문했을 때 전도대상자는 전도인의 복장이나 몸가짐을 유심히 살피게 된다. 그렇게 해서 전도인의 첫인상은 결정된다. 너무 화려한 옷이나 더러워진 옷, 다리지 않은 바지, 뒤축이 비뚤어진 구두, 엉성한 머리, 비듬이 앉은 어깨, 양치질하지 않은 치아, 때 묻은 손, 긴 손톱 등은 첫눈에 느낄 수 있는 마이너스 인상 요인이다. 청결하고 단정한 복장이나 몸가짐에 세심한 주의를 기울여야만 한다.

② 언행에 주의한다.

기본적인 말과 행동은 전도인으로서뿐만 아니라 사회인으로서의 평가 척도도 된다. 요즈음 경어를 잘 쓰지 않는 사람이 늘어가고 있는데 적절한 경어를 생활화하면 훨씬 뛰어난 사회인, 훨씬 뛰어난 전도인이 될 수 있다.

③ 인사할 때의 기본동작

전도대상자를 정면(正面)으로 보고 정중하게 인사해야 한다. 눈매는 부드럽고 자연스럽게 아래를 본다. 전도대상자를 향해 위로 쳐다보는 시선은 절대 삼가야 한다.

④ 다시 방문할 수 있는 구실을 만든다.

다시 방문할 수 있는 기회를 첫 번째 방문에서 확실히 다져 두어야 한다.

⑤ 나올 때는 함축성 있는 말을 남겨서 다음 방문에 기대를 갖게 한다.

첫 번째 방문에서 상담이 성립되기는 참으로 어렵다. 말을 다 끝내버리지 말고 전도대상자의 마음속에 흥미와 관심을 남겨둔다.

⑥ 물러설 때는 깨끗하고 기분 좋게 물러난다.

너무 오래 머물면 좋은 인상을 줄 수 없다. 적당한 때 선뜻 물러서야 하며 너무 집요하면 두 번 보기를 꺼려 한다.

⑦ 다음 방문을 다짐받는다.

"다음에는 언제쯤 찾아 뵐까요?"라는 질문은 만나기 싫다는 구실만 주게 되며 당치도 않은 시간이나 불성실한 응답이 나올 것이다. "다음 주 O요일 O시경에 찾아 뵈어도 되겠습니까?"라는 구체적인 날짜와 시간을 이쪽에서 먼저 제시해야 한다.

만일 이 시간이 적당치 않으면 전도대상자 쪽에서 다른 날짜를 지정(指定)해 주게 될 것이다.

(2) 전도(Evangelism) 방법

전도는 쉽고 별것 아닌데 전도를 두려워하고 어떻게 해야 할지 갈피를 못 잡는 분들이 있는데 몇 가지만 숙지하면 누구나 잘할 수 있다. 우리 교회 1층에서 2층을 올라가기는 쉬울 것이다. 대충 15계단을 밟는다. 전도는 8단계만 밟으면 된다.

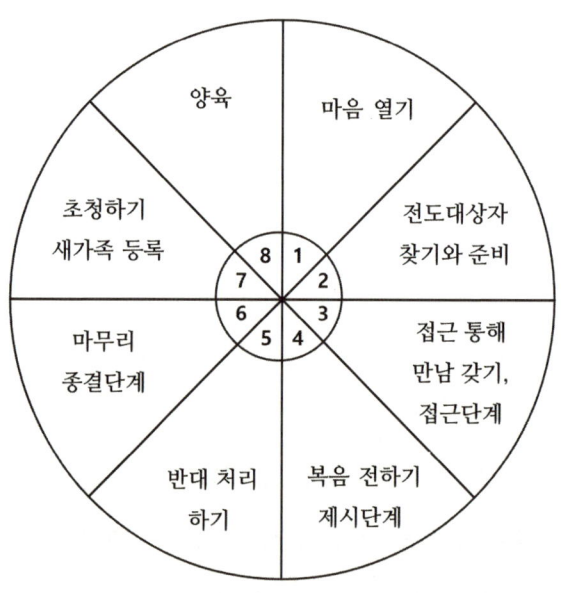

▲ 전도 사이클(전도8단계)

① 마음 열기

전도인은 먼저 자신의 마음 문을 열고 만나고자 하는 사람의 영혼을 사랑하는 마음을 가져야 한다. 사랑으로 그를 대하고 섬기는 자세를 취한다. 상대를 전도할 수 있다는 확신과 믿음을 가져야 한다.

② 전도대상자 찾기

전도의 첫 번째 단계는 전도대상자를 찾는 데서부터 시작한다. 우리 주위에는 수많은 전도대상자들이 있다. 70%에 해당되는 사람들이 모두 전도대상자이다.

하지만 그들 모두가 우리가 전하는 복음을 듣는 사람은 아니다. 우리가 만나는 사람 중에는 복음을 잘 듣는 사람, 복음 듣기를 거절하는 사람, 복음을 전혀 안 들으려고 하는 사람, 재방문 등이 필요한 사람들이 있다.

우리가 전도하기 위해서는 인내와 끈기와 재방문하는 용기가 필요하다. 2단계의 성공을 위해서 당신은 간절히 찾고 기도하라. 영안이 밝아져야 전도대상자가 잘 보인다.

A. 피터 와그너의 피전도자 분류

5가지 전도대상자 중에서

← 복음에 대해 극도로 저항적					복음에 대해 매우 수용적 →				
-5	-4	-3	-2	-1	0	+1	+2	+3	+4	+5
매우 적대적	다소 적대적				무관심			다소 호의적	매우 호의적

《전도 바이블》 피터 와그너 저 中

[수용적인 부류의 사람들]

- 새로운 곳으로 이사한 사람들
- 사고를 겪고 병원에 입원한 사람
- 사업에 실패한 사람
- 큰 시험을 앞둔 사람
- 출산을 앞둔 임산부
- 사별한 사람
- 가정불화
- 삶의 상처 때문에 두려움을 갖고 있는 사람
- 장사가 힘든 사람
- 결혼 대상자를 찾고 있는 사람들
- 기독교인들에게 어떠한 도움을 받은 경험이 있는 사람
- 시한부 인생을 사는 사람
- 좋은 기독교인을 곁에 두고 있는 사람
- 자식이 군대에 입대한 부모

B. 전도대상자 개발

- 친지 중에서 개발
- 친구 중에서 개발
- 이웃 중에서 개발
- 학교 동창 중에서 개발
- 단체(클럽)에서 개발
- 이사 온 사람 중에서 개발
- 상가와 거래처 중에서 개발
- 스포츠센터에서 개발
- 공원과 탄천에서 개발
- 지하철과 버스 정류장에서 개발
- 학교 주변에서 개발
- 문화센터, 카페, 어린이집, 유치원에서 개발
- 사회복지관에서 개발
- 길거리에서
- 우산 빌려 주기
- 지하철 쉼터
- 사랑의 지팡이(어르신 섬김)

C. 준비단계 : 무엇을 준비해야 하나

• 방문할 곳

• 최초의 말(접근어) : 인사와 방문 목적을 말한다.

• 휴대할 물건

• 명함

• 칭찬의 소재 : 칭찬의 소재는 다양하다. 대상자가 좋아하는 칭찬이어야 하고 아첨은 금물이다. 역효과가 생긴다. 가정 방문 시에는 분위기와 그림, 도자기, 공예 등을 가지고 칭찬하고 자녀인 경우는 잘생겼다, 영리하게 생겼다, 항상 보아도 예쁘고 멋지고 세련미가 넘친다 등.

• 질문화법

- 교회 나간 적이 있습니까?
- 예수님에 대해서 아십니까?
- 크리스마스가 무슨 날인지 아십니까?
- 예수님이 왜 이 땅에 오셨는지 들어본 적이 있습니까?
- 우리 교회를 아십니까?

• 거절 처리 화법

너무 바빠서 교회에 못 나간다, 예수쟁이가 싫다, 불교 믿는다,

필요없다 등 다양한 거절이 나온다. 이때의 처리 화법은 중요하다.

🔑 **접근 시 거절, 어떻게 응대(처리)해야 하는가?**

🏷️ 너무 바빠서 교회에 못 나갑니다.

→ "좋은 일은 미루면 안 됩니다. 한 주일에 하루는 쉬셔야 합니다. 하루 3번 예배 중 나한테 맞는 예배시간을 택해서 나오시면 됩니다."

🏷️ "필요없어요"라는 말을 하는 이에 대한 응대 처리 기술

→ 상대가 "필요없어요"라고 말하는 이유는 기독교가 싫어서, 상대와 말하고 싶지 않아서, 또한 귀찮게 구니까인지 정확한 이유를 먼저 알아야 한다. 그러기 위해 질문을 던져야 한다. "왜 필요없다고 하는 것입니까?" 상대의 사정도 모르고 무조건이기 때문이었다고 하면 전도인은 "죄송합니다. 며칠 후 다시 들르겠습니

다. 안녕히 계십시오"라고 말한다.

또한 기독교가 싫어서일 수도 있다. 그런 경우 상대에게 교회의 필요성을 말해야 한다.

"가장 중요한 것은 구원입니다. '주 예수를 믿으라. 그리하면 너와 네 집이 구원을 얻으리라.' 사장님은 예수 그리스도를 진정으로 믿고 영접해야 합니다. 그러면 사장님은 3가지 축복된 삶을 살아가게 됩니다.

첫째, 하나님의 자녀가 됩니다.

둘째, 하나님이 사장님의 기도에 응답하십니다.

셋째, 성령께서 인도하십니다.

기독교는 살아 있는 종교입니다. 오늘 이후부터 사장님의 가정은 축복된 삶이 영위됩니다."

 별 관심이 없다(필요성을 느끼지 못하고 있다).

① 거절의 속뜻

- 현재의 생활이나 일에 있어서 전혀 불편을 느끼지 않는다.
- 죄를 지은 게 없는데 교회에 다녀야 할 필요가 있는가?
- 헌금을 내는 것이 부담이 된다.
- 일요일 하루만이라도 좀 편안하게 쉬고 싶다.
- 죽으면 그만이지 예수는 뭐고 지옥은 뭡니까?

- 저 자신만 믿겠다는 것
- 예수 믿는 사람들이 가난하고 병들고 고통당하기 때문에

② 설득 포인트

- 교회 다니는 사람들이 은혜를 받고 행복하고 남들에게 좋은 일을 하고 있다고 설명한다.
- 성경에 죄 없는 사람은 없다고 하였다. 입술로 지은 죄, 마음으로 지은 죄(미움, 악한 생각 등), 행위로 지은 것이 다 죄이다.
- "헌금은 하셔도 되고, 안 하셔도 됩니다. 헌금은 본인이 하고 싶을 때 하는 것입니다. 아무도 헌금을 강요하거나 눈치 주지 않습니다. 걱정하지 마시기 바랍니다. 나중에 믿음이 생기고 헌금을 드리고 싶을 때 그때 드리면 됩니다."
- "육체의 휴식도 필요하지만 영혼의 휴식도 필요합니다."
- 지옥이 없다는 사람에게 "당신은 죽어서 지옥에나 가시오!" 했더니 펄쩍 뛰더라는 얘기가 있다. "만약 천국과 지옥이 있으면 어떻게 하시겠습니까? 천국과 지옥은 믿음의 눈으로라야 볼 수 있습니다."
- "우리가 만난 하나님은 정말 믿을 만한 분이십니다. 오늘날 한두 사람이 그분을 믿고 있습니까? 대통령도 믿고 국회의원 중 절반 가량이 예수를 믿습니다."
- "사람은 누구에게나 어려움이 있듯이 예수 믿는 사람도 예외

는 아닙니다. 그러나 넉넉히 이길 수 있습니다. 마침내 복을 받게 됩니다."

 잘 알았습니다. 다음 기회에 봅시다.

① 거절의 속뜻
- 필요없다고 하는 거절이라 생각해도 좋다.
- '아직 마음의 확신이 서지 않는다. 여러 가지를 더 알아 봐야겠다'는 생각이 있다. 이 부근에 있는 2-3개 교회를 들려 설교도 들어보고 교회의 이모저모를 알아보고 결정해야겠다는 생각 때문에 다음 기회에 보자고 미루는 것이다.

② 설득 포인트
- 지금까지의 설명 중에서 부족한 점, 의심 나는 점 등이 있는가를 묻는다.
- 다음 기회가 언제쯤이 될 것인가를 물어본다. 그러면 어떤 말이든지 나올 것이다.
- 이 말에서 본심을 파악해 사후 전도 활동의 방향을 잡아가도록 한다.

 언젠가는 교회에 나가겠지만 지금은 안 나가겠다.

① 거절의 속뜻

•이 거절은 전도자의 마음을 상하지 않게 하려는 배려에서 나온 것이다. 실제로는 확실한 거절이다. "언젠가는……"이라고 하는 말만큼 믿을 수 없는 말은 없다. 신입 전도자들은 대개 이 말을 신용하고 가능성이 있다고 판단하여 바로 돌아서는 경우가 있다. 그러나 얼마 후에 다시 방문해 보면 전혀 다른 사람 대하듯 한다.

② 설득 포인트

•언제쯤 교회에 나올 계획인지를 묻는다.

•지금 교회에 나올 수 없는 이유를 물어보아 이 말이 거절의 구실에 지나지 않는지 또는 진심인지를 파악한다.

•지금 우리 교회가 총동원주일로 캠페인을 전개 중이기 때문에 교회에 나올 좋은 기회라고 설명한다.

 다음에 전화할게요.

① 거절의 속뜻

•그들은 절대 전화하지 않는다. 말로는 거절하고 있지 않지만 사실은 일반적인 거절과 똑같다. 설사 전화를 한다고 해도 나올 목적으로 전화를 하겠다는 의미가 아니다.

② 설득 포인트

•계속적인 접근(편지, DM, 전화, 직접 방문)이 최상의 방법이라

하겠다. 꾸준히 접촉하여 인간관계를 강화해 나가도록 한다(즉 이쪽에서 전화를 먼저 한다).

🏷️ 생각해 보겠다.
① 거절의 속뜻
• '생각해 보자'는 의미는 전도대상자가 지금 즉시 결정을 내릴 수 없다는 뜻이다. 즉 결정을 연기하려고 하는 의사표시일 수도 있고 친척이나 가족과 상담해 볼 시간을 가지려는 의도인지도 모른다.
• 권유하는 교회가 자신이 교회 선택의 좋은 조건을 가지고 있는가를 더 알아보겠다는 뜻이다.
② 설득 포인트
• 4-5일 후에 다시 방문하여 결정하도록 도와준다.
• 교회 선택의 좋은 조건이 무엇인가를 알기 위해 질문한다.
• 상대와 인간관계 강화를 위한 지속적인 커뮤니케이션을 한다.

🏷️ 아는 교인이 있어서 곤란하다.
① 거절의 속뜻
• 우선 거절이 구실인지 정말인지 파악한다. "아 그렇습니까? 요즘에는 교인이 많아서요."

② 설득 포인트

• "잘 아는 사람을 통해서 교회에 나가도 좋습니다. 누구인지는 몰라도 저에게 영혼을 사랑하는 마음도 있고 전도의 열정도 있으니 저와 새로운 인간관계를 갖도록 해 주십시오. 잘 모시겠습니다. 아는 친구분도 저에게 고맙다고 할 것입니다."

 남편(부인)과 상의해 봐야 한다.

① 거절의 속뜻

• 거절을 위한 구실일 수도 있으므로 잘 판단하도록 한다.

• 또는 실제로 자신이 결정을 할 수 없어 진심으로 그렇게 이야기하는 경우도 많으므로 실제 결정권자가 누구인지를 파악하여 추후 설득 대책을 세우도록 한다.

② 설득 포인트

• 추후 대책으로 지금 상담하고 있는 전도대상자와 합동으로 결정권자를 설득할 방법을 모색한다든지, 본인 자신이 결정권자를 직접 만나서 이야기하면 어떻겠냐고 의향을 물어보아 반응을 보고 추후 설득방법을 생각해 낸다.

 교회에 안 나가도 착하게 살면 되지 않습니까?

① 거절의 속뜻

- 가치 기준이 착하게 살면 교회 같은 것이 필요없다고 생각한다.
- 성경의 기준을 모르기 때문에 착하게 살면 되는 줄 안다.

② 설득 포인트
- 도덕의 기준보다 성경의 기준을 말해야 한다.

🏷️ 교인들이 더 위선적인 것 같아요. 그런 사람들과 어울리기 싫어서 교회에 나가지 않습니다.

① 거절의 속뜻
- 과거에 교인으로부터 깊은 상처를 받았기에 거절한다.

② 설득 포인트
- "교회는 온전한 사람들만 모이는 곳이 아닙니다. 실망을 주는 사람도 있습니다."
- "그런 일부 사람들만 보고 믿지 말고 예수님을 보고 믿어야 합니다."

🏷️ 하나님께서 살아 계시다는 증거를 보여주시든가 아니면 이해시켜 주십시오. 하나님을 당장 보여주십시오. 그러면 믿겠습니다.

① 거절의 속뜻
- 천지창조의 법칙을 모르기 때문에

- 무소부재한 하나님을 모르기 때문에

② 설득 포인트

- "태양이 한 발자국만 더 가까이 오면 우리는 다 타서 죽을 것입니다. 반대로 태양이 한 발자국만 뒤로 물러서면 우리는 다 얼어 죽을 것입니다."
- "태양, 지구 그리고 온 우주를 운행하시는 분이 하나님이십니다. 질서정연한 우주의 활동은 결코 우연이 아닙니다."
- "공기가 눈에 보이지 않는 것처럼 하나님도 우리 눈에는 보이지 않습니다."

🏷️ 헌금을 내는 것이 부담이 되어 교회에 안 나갑니다.

① 거절의 속뜻

- 자기 재산이 줄어들거나 아까워서

② 설득 포인트

- "헌금은 하셔도 되고, 안 하셔도 됩니다. 헌금은 본인이 하고 싶을 때 하는 것입니다."
- "아무도 헌금을 강요하거나 눈치 주지 않습니다. 걱정하지 마시기 바랍니다."
- "헌금을 드리고 싶을 때 드리면 됩니다."

🏷️ 너무 바빠서 교회에 못 나갑니다.

① 거절의 속뜻

- 핑계이거나 실제로 바쁘기 때문에 거절을 한다.

② 설득 포인트

- "가장 가치 있는 일은 미루면 안 됩니다."
- "한 주일에 하루는 쉬어야 하고 충전해야 합니다."
- "자기한테 맞는 예배시간을 택해서 나오고 그 이후에 일을 할 수도 있습니다."

🏷️ 교회는 안 나가지만 하나님은 믿습니다.

① 거절의 속뜻

- 교회에 소속되고 싶지 않다.
- 무교주의이거나 기독교 교리를 모르기 때문에

② 설득 포인트

- "아 그러시군요, 감사합니다."
- "그렇지만 소속이 있어야 되는 거예요. 생명책에 그 이름이 올려져 있어야 해요."
- "또 믿는 사람과 같이 교제할 때 믿음이 자라는 거예요. 특별히 하나님께 '예배'드려야 되거든요."

🔖 일요일 하루만이라도 좀 편안하게 쉬고 싶습니다.

① 거절의 속뜻

- 간섭받지 않고 조용히 있고 싶어서
- 휴식을 취하고 싶어서
- 등산, 골프, 영화관, 사람 만남을 위해서

② 설득 포인트

- "몸이 편하다고 마음까지 편한 것은 아닙니다."
- "육체의 휴식도 필요하지만 영혼의 휴식도 필요합니다."
- "일요일(주일) 1~2시간 투자하면 많은 유익을 얻을 수 있고, 무엇보다 천국을 보장받을 수 있습니다."
- "산을 찾는 사람은 휴일에 일찍 일어나서 산에 다녀올 수 있고, 골프를 치는 사람은 1부 예배를 드리고 갈 수도 있습니다."

🔖 교회와 하나님에 대해서 관심이 없으니까 내게 교회를 가자고 하거나 하나님을 믿으라고 강요하지 마세요.

① 거절의 속뜻

- 이런 사람 의외로 많다. 관심과 흥미가 없다. 상대하고 싶지 않다.
- 따돌리고 싶어서
- 하나님을 모르고 교회를 모르기 때문

② 설득의 포인트

- 질문법을 사용하여 왜 관심이 없는가를 물어가며 설득한다.
- 하나님이 어떤 분이신가를 말해 준다.
- 교회를 통해서 얻는 혜택과 이익을 말해 준다.
- "내가 당신을 찾아온 것은 하나님이 당신에게 가라고 나를 보내셨기 때문이라고 나는 확신합니다."
- "하나님은 당신을 사랑하십니다. 하나님의 사랑을 거절하지 마시기 바랍니다."

 불교를 믿는다고 했을 때

① 거절의 속뜻

- 종교는 다 같다.
- 불교가 좋기 때문에
- 조상 때부터 믿어 왔기 때문에

② 설득의 포인트

- "우리나라 최고의 스님이신 성철 스님께서 '산은 산이고 물은 물'이라고 말했습니다. '그 깊은 이야기가 무엇입니까?' 하고 다시 물었더니 자신의 주제대로 가라는 것입니다. 그러나 주님께서는 우리의 길을 인도해 주시는 분입니다. 지금도 살아서 역사하고 주관하시는 분이십니다. 같은 종교가 아닙니다. 기독교는 죽어도 영

원히 사는 종교이고 하나님을 믿습니다."

- "다른 종교는 사람의 사고(思考)에서 나온 것이고, 기독교는 하나님이 사람을 찾아오심으로 세워진 종교입니다. 같지 않습니다."
- "다른 이로써는 구원을 받을 수 없습니다(행 4:12). 예수를 믿어야 구원을 받을 수 있습니다."

🏷️ 저는 집안의 장손인데 제사를 못 지내게 해서 안 믿겠습니다.

① 거절의 속뜻
- 제사를 못 지내게 하는 것으로 알고 있다.

② 설득의 포인트
- 기독교의 추도예배에 대해 말한다.
- "사람이 죽으면 그 영혼이 천국 아니면 지옥에 가게 됩니다. 제삿상 차려놓는다고 죽은 부모가 와서 먹는 것은 아닙니다."
- "효도는 부모님이 살아 계실 때 해야 합니다."

🏷️ 하나님이 계시다면 세상이 왜 이렇게 부조리합니까?

① 거절의 속뜻
- 하나님이 계실까 의심스럽다.

② 설득의 포인트
- 하나님이 직접 통치하던 시대에도 지금처럼 부조리도 있고

살인도 강간도 있었다. 하나님은 오래 참고 기다리신다. 그러나 나중은 용서하지 않고 심판하신다.

• "하나님께서 죄를 범하는 즉시 심판하신다면 아마 살아남을 사람이 없을 것입니다."

🏷️ 제게 하나님에 대해서 아무 말도 하지 마세요. 계속 말하면 다시는 안 만날 겁니다.

① 거절의 속뜻
• 하나님에 대해 이야기를 듣지 않겠다.
• 절대로 믿지 않는다.

② 설득의 포인트
• 질문을 던져 먼저 이유를 알아낸 다음 설득한다.
• "나를 안 만나는 것은 좋은데 예수님을 못 만나면 큰일납니다."
• "예수를 믿으면 하나님의 자녀가 되는 권세를 얻게 됩니다" (요 1:12).
• "지금 이 시간이 운명을 바꾸는 최고의 기회입니다."

🏷️ 기독교는 조상도 안 믿고 제사도 안 지내는 종교라고 말하면?

→ "어른들을 생각하시는 그 효성이 참 지극하시군요. 제사를 잘

지내시는 분들은 효성이 지극하시다는 얘기를 들었어요." 이렇게 칭찬을 하면서 다음과 같이 말을 잇는다. "기독교는 죽은 사람(조상)이 다시 이 세상에 귀신으로 온다고 생각하지 않아요. 기독교는 부모에게 지극 정성으로 잘하라고 해요. 기독교의 가장 중요한 핵심이 뭐냐면 '하나님을 사랑하고 사람을 사랑하라'는 것인데 사람 사랑에서 부모 공경이 첫 번째요, 부모 공경을 하면 이 땅에서 잘 되고 장수하는 두 가지 축복을 주셨습니다. 구약을 보면 이 땅에서 부모한테 욕보이고 업신여기면 그 사람을 잡아다가 동네사람들이 돌로 쳐 죽이라고 할 만큼 강력하게 부모 공경에 대해 말하고 있어요. 우리가 제사 지내지 않는 것은 그 사람이 귀신이 되어서 오지 않는다고 믿기 때문입니다. 보이지도 않는 귀신이 왔는지 안 왔는지도 모르는데 부모님이 살아 계실 때 속을 썩이고 불효한 자식이 제사만 잘 지내주면 부모님을 공경한다고 생각하세요?"

 "기독교가 싫어서"라고 말하면?

→ 상대에게 교회의 필요성을 말해야 된다. "요한복음 3장 16절에 의하면, '하나님이 세상을 이처럼 사랑하사 독생자를 주셨으니 이는 그를 믿는 자마다 멸망하지 않고 영생을 얻게 하려 하심이라.' 당신은 예수 그리스도를 진정으로 믿고 영접해야 구원을 얻을 수 있습니다.

그러면 당신은 3가지의 축복된 삶을 살아가게 됩니다.

첫째, 하나님의 자녀가 됩니다.

둘째, 성령께서 인도하십니다.

셋째, 기도에 응답하십니다.

기독교는 살아 있는 종교입니다. 오늘 이후부터 당신의 가정은 축복된 삶이 이어집니다."

③ 접근 통해 만남 갖기(접근 단계)

접근에서 만남이 이루어지면 50% 이상의 전도가 성사된 것이나 다름없다. 사람에 따라 다소 차이는 있다.

🗝 **접근 성공(만남 갖기)의 노하우**

1. 기도를 먼저 하고 방문한다.
2. 자기를 판다. 첫인상을 좋게 한다.

🗝 **첫인상을 좋게 하는 방법**

첫 번째, 접근 시 신뢰를 얻어야 한다.

약속을 하고 방문 시에는 1분도 어기지 않는 전도인이 되어야 한다. 시간을 어기면 당신 자신을 잘 팔지 못하는 결과를 가져온다. 전도대상자에게 신뢰를 주었을 때 당신과 상담하고 싶어한다.

당신은 시간 약속을 생명처럼 지켜 신뢰를 형성하라. 이것이 접근의 중요 핵심 요소이다.

두 번째, 첫인상을 좋게 해야 한다.

사람은 첫인상에 따라서 상대편을 평가한다. 한번 마이너스 평가를 받으면 두 번 다시 좋은 평가를 받을 수 없다. 첫인상에 각별히 신경을 써라. 상대에게 좋은 첫인상을 심어 주려면 어떻게 해야 하는가?

A. 미소(웃는 얼굴)

당신의 전도 활동이 아무리 정교하다 할지라도 미소가 없으면 옷을 완전히 차려입었다고 할 수 없다. 미소는 사람의 마음을 휘어잡는다. 미소는 거절을 못하게 만드는 힘을 가지고 있다. 미소는 전도인의 만병통치약이다.

B. 청결해야 한다.

구두에서부터 머리끝까지 청결해야 처음 만난 전도대상자에게 좋은 인상을 준다. 역한 체취나 구취 때문에 고객에게 불쾌감을 주어서는 안 된다. 머리는 항상 단정하게 손질해야 한다. 매일 샤워하고 자주 목욕하라. 머리를 손질하라. 시대감각에 맞는 머리 스타일을 하라. 머리는 항상 단정하게 유지하라. 비듬이 외모를 망치지 않게 하라. 항상 면도도 하라. 손톱을 깨끗이 다듬어라.

C. 단정하고 점잖은 옷차림을 해야 한다.

너무 눈에 띄는 화려한 옷차림은 미적 감각의 결핍이다. 전도인은 유행의 첨단을 걷는 옷차림을 해서는 안 된다. 시대에 뒤떨어진 옷은 더욱 안 좋다. 전도인의 복장은 상대하는 피전도인의 수준에 맞는 옷이어야 하고 멋이 있어야 한다.

당신의 복장은 피전도인들과 어울리는가? 목장이나 큰 농장을 방문하는 전도인은 그러한 환경에 적합하고 피전도인(전도대상자)을 편안하게 해 주는 복장을 해야 한다.

D. 좋은 매너는 호감을 산다.

좋은 매너는 전도를 성공으로 이끈다.

- 사무실을 노크하는 매너

상대방이 알아들을 수 있도록 노크한다.

상대의 반응이 있을 때 문을 연다.

- 가정집의 초인종을 누르는 매너

한 번의 누름으로 반응이 있을 때까지 일단 기다려야 한다. 반응이 없을 때는 다시 누른다. 처음 눌렀을 때와의 시간 차이는 약 20초 간격이 좋다. 그래도 반응이 없을 시는 1분 정도 기다렸다 다시 누른다. 그래도 반응이 없을 시는 그곳을 떠난다. 계속, 계속, 계속 누르는 것은 좋지 않은 매너이다.

세 번째, 부드러운 분위기가 조성되도록 한다.

이를 위한 좋은 방법은 칭찬의 활용이다. 칭찬은 전도대상자의 마음의 문을 여는 유력한 열쇠이다. 닫혀진 마음의 문도 칭찬을 사용하면 열린다.

칭찬 한마디가 분위기를 우호적으로 바꾼다. "칭찬은 말의 꽃다발이다."

인간의 욕망 중 가장 강렬한 것이 바로 사회적 욕구이고 우월감이므로 이 욕망에 어필되도록 추켜세워 주면 전도대상자(피전도인)는 기분이 좋아질 것이며 분위기는 무르익게 되어 전도대상자의 '마음의 문'이 서서히 열리게 될 것이다.

[칭찬 화법 사례]

"좋은 회사에 근무하십니다. 한결같이 회사에 대한 높은 긍지를 갖고 계셔서 부럽습니다."
"누가 코디를 하셨는지 너무나도 멋집니다. 예술 계통에 탁월한 식견을 가지고 계시는 모양입니다."
"부장님께서는 언제 뵈어도 생기가 넘치고 패기에 차 보여서 아주 부럽습니다. 부장님 성품이 이처럼 활달하셔서 사무실 분위기도 무척 생동감 있어 보이네요."
"항상 건강하신 것 같습니다. 무슨 특별한 건강법이라도 있으신지요?"
"목에 건 목걸이가 너무나도 독특하고 매력적입니다. 옷에 아주 잘 어울립니다. 사모님의 미적 감각이 특출난 모양입니다."
"사모님! 아드님이 엄마를 닮아 너무 미남이네요. 영특해 보입니다. 공부도 아주 잘하지요?"

네 번째, 선물을 활용한다.

선물은 면담을 이루게 만드는 무기이다. 면담의 성공을 위해 접근 시 많이 활용한다. 벨을 누르면 "누구세요" 한다. 이때 나는 이렇게 말한다. "한신교회 곽준상 장로입니다. 판교역 1번 출구 앞 럭스치과에서 칫솔, 치약을 담은 선물을 저희 교회 자료와 함께 돌리고 있습니다. 욕심나는 선물입니다. 받아주십시오."

다섯 번째, 감정이입(empathy)의 힘을 적극적으로 활용한다.

인간은 즐거울 때 웃으며 남이 웃고 있을 때 즐거움을 느끼게 된다. 이와 같이 사람의 감정이 타인에게 옮겨 들어가는 것을 심리학에서는 감정이입이라고 한다. 감정이입이 잘되면 피전도인과의 사이가 더욱 가까워지고 더욱 친밀해진다. 전도왕 전도인들은 이 감정이입의 힘을 적극적으로 활용한다.

전도인이 전도대상자의 감정에 대해 열심히 생각하거나 전도대상자(피전도인)의 말과 행위의 배후에 있는 감정에 대하여 동조하면 감정이입이 되어 피전도인은 전도인에게 신뢰감을 갖게 된다.

그렇게 되면 말 못할 이야기도 전도인에게 털어놓게 될 것이고 두 사람의 관계는 두텁게 될 것이다. 이것이 감정이입이 잘된 결과이다.

여섯 번째, 주목을 끌어야 한다.

전도인은 가망 전도대상자를 처음 대면했을 때 주목을 끌 수 있어야 한다. 이 때 처음 1분이 중요하다. 이때의 성공 여부가 전도를 좌우한다.

주목을 끌 수 있는 무기는 다음과 같다.
- 공통 화제(폭염, 혹한, 월드컵 축구, 동계올림픽 등)
- 간단한 기념품(라이터, 볼펜, 열쇠고리 등)
- 돈 버는 이야기, 부동산 이야기
- 흥미있는 정보 제공(업계에 대한 이야기)
- 호기심을 갖는 질문

경계를 푼다.
- 소속을 밝힌다(신분).
- 선물을 준다.
- 소개인을 말한다.
- 전도대상자와 가까운 사람을 말한다.

최초의 첫마디
- 주목을 끌고 흥미있는 말

- 호기심 있는 말
- 방문 목적

 접근 시 전도대상자가 마음의 문을 활짝 여는 방법

- 전도인이 먼저 마음의 문을 연다.
- 예의를 갖출 것
- 칭찬을 할 것
- 상대로 하여금 이야기하게 할 것
- 상대방의 도움과 이익
- 공통의 화제 선택
- 먼저 무엇인가를 준다.
- 빽의 이용
- 몇 번이고 찾아갈 것
- 신뢰감을 준다.
- 부담 제거
- 상대 배려
- 예수님처럼 상대를 위하고 존중하고 친절히 대한다(어떤 사람에게도).
- 관심을 갖고 자비를 베푼다(예수님 성품).

[칭찬]

귀로 먹는 보약
금이나 다이아몬드같이 가치 있는 것
칭찬은 상대의 마음의 문을 연다.
칭찬은 거절을 못 하게 한다.
칭찬은 전도 성공의 열쇠

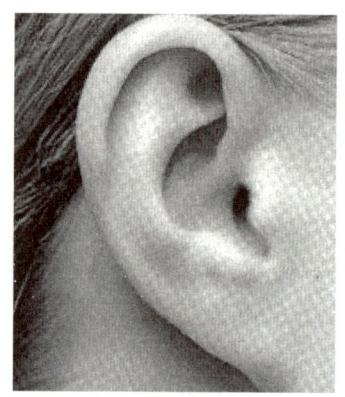

처음 방문 시 마음가짐과 요령

- 겁내지 말고 거절당해도 본전이라 생각하고 홀가분한 기분으로 방문한다.
- 전도해야겠다는 생각을 버리고 인사차 방문했다는 태도로 방문한다.

- 자신을 가지고 방문한다.
- 가벼운 기분으로 약간의 정보를 수집한다는 생각으로 방문한다.
- 방문 목적을 분명히 전한다.
- 될 수 있는 대로 간단히 끝내고 빨리 물러 나온다.
- 재방문 약속을 얻어 낸다.
- 예약(전화, 편지, 소개)을 활용한다.
- 열정적인 태도
- 프라이드를 갖는다.

 처음 방문을 성공으로 이끄는 도구

- 간단한 방문용 선물 활동
    - 선물을 주는데 싫어할 사람은 아무도 없다.
    - 거절의 마음을 누그러뜨린다.
    - 사람도 고기만큼 미끼를 좋아한다.
    - 미끼만 따먹는 사람(체리피커)은 그리 많지 않다.
    - 선물은 사람을 황홀하게 만든다.
    - 선물은 법을 유명무실하게 만든다.

전도는 입으로만 하는 것이 아니라 행동으로 하여 전인적으로 함을 명심해야 한다.

🏷️ 인정받으려면

- 예의를 갖춰야 한다.
- 신뢰감을 준다.
- 배려한다.
- 시간을 투자하라.
- 관심과 존경심을 가지고 가야 한다.
- 컨설턴트처럼, 의사가 진료하듯 '하나님께 고용된 사람'이라는 생각을 가지고 전략적으로 다가가야 한다.
- 전도대상자의 마음의 문을 여는 요령

전도자는 전도대상자를 만나자마자 바로 전도에 몰입해서는 안 된다. 일단 상대의 마음의 문을 열어야 내가 그 속에 들어갈 수 있다. 상대의 마음의 문을 여는 유력한 열쇠는 칭찬이다. 칭찬 한 마디로 분위기를 우호적으로 바꿀 수 있다. 칭찬은 말의 꽃다발과 같다.

🗝️ 사례 1

"사모님 피부가 대단히 고우신데 무슨 특별한 비법이라도 갖고 계시는지요? 저한테도 좀 알려 주세요."

🗝️ 사례 2

"아파트를 참 잘 지었네요. 대리석도 많이 사용했고 견고하게 보이네요. 고급스럽네요. 공간설계도 잘되어 사용에 편리하게 되었네요. 지하철역도 가깝기 때문에 교통이 편리하겠습니다. 인기가 대단하겠네요."

🔑 사례 3

"이 부근은 자연에 둘러싸인 좋은 환경으로 소음도 없고 공기도 맑아 건강에 참 좋은 곳인 것 같네요. 산책로도 잘되어 있어 운동하기에 무척 좋겠습니다. 이곳 주민들은 정말 복 받은 분들이세요."

🔑 사례 4

집안에서 골프채가 들어 있는 가방을 보았을 경우, "골프를 참 좋아하시는 모양입니다." "네 조금요." "주로 어느 골프장을 이용하시는지요?"

골프 이야기로 상대의 마음 문을 연다.

🔑 사례 5

"안녕하세요? 어머, 아드님이 참 엄마를 닮아 이목구비가 뚜렷하고 영리하게 생겼네요."

🔑 사례 6

벽에 걸려 있는 그림을 가지고 칭찬한다. 그림 실력이 있어야 한다. 단 칭찬의 말과 아부의 말을 혼동해서는 안 된다. 칭찬의 말은 사실만을 마음속에서부터 칭찬하는 것인 반면 아부의 말은 마음에도 없는 말을 그냥 상대방이 듣기 좋게 하는 것을 말한다.

④ 제시 단계(복음 전하기)
- 타이밍
- 전도자의 말을 들을 수 있는 분위기가 되었을 때
- 전도대상자의 마음 문이 열려져 있을 때
- 전도대상자의 주목을 끈 다음

- 방법
- 전도자의 복음 메시지는 흥미가 있고 예수를 믿고 싶은 마음이 생기게 제시해야 한다.
- 스테이크를 팔지 말고 시즐(Sizzle)을 팔아라.

'Sizzle'이란 지글지글 볶는 분위기 연출과 군침이 나는 냄새로 구미를 당기는 것이다. 전도인이 전도대상자에게 시즐을 가지고 설명할 때 예수 믿고 싶은 마음이 생긴다.

- 구원으로 천국 간다. 영생을 누린다.
- 가정이 화평하고 형통하게 된다.
- 영혼이 잘되고 범사가 잘되고 강건하게 된다.
- 복에 복을 더해 주고 지경이 넓혀지고 환난을 막아 준다.
- 하나님과 동행하는 삶을 누린다.
- 사업장의 경영자가 되어 손님이 많아지고 장사가 잘된다.
- 하나님의 자녀 되고 기도 응답 받고 하나님의 인도함을 받는다.
- "하나님을 만나면 운명이 바뀝니다."
- "하나님을 만나는 순간부터 당신은 비전을 이루게 됩니다."
- 성경은 인생 매뉴얼, 성경은 인생 길을 안내하는 인생 내비게이션(딤후 3:16).

- 맛집을 판다.

세상에 음식점이 많듯이 교회도 많다. 많은 음식점 중에 맛집이 있어 우리의 입을 즐겁게 해 주듯이 교회도 우리의 귀와 마음을 즐겁게 해 주는 영의 양식점이 있다. 맛집은 목사님에게 달려 있다. 목사님은 하나님의 말씀을 요리하는 최고의 쉐프이다. 우리 교회가 영의 맛집이다.

- 교회(목사)를 판다.

교회와 목사님의 자랑거리를 찾아 자랑한다.

- 세상을 섬기는 교회

- 아이들을 보살피는 교회

- 노인들을 섬기는 교회

- 교회의 좋은 인력을 사회에 접목시키는 교회

- 말씀이 살아 은혜가 강물처럼 흐르는 교회

- 지역사회에 봉사하고 헌신하는 교회

"두 사람이 싸운 뒤 서로 합의를 보지 않아 3년 동안 감옥생활을 할 수밖에 없다면 당신은 합의를 보기 위해 최선을 다하겠지요. 그런데 영원히 지옥 가느냐 천국 가느냐의 인생 최고의 중대 문제에 대해서는 어떻게 생각하십니까? 이보다 더 중요한 일이 없습니다. 이제는 결단을 내리고 예수님을 믿어야 합니다. 그래야 당신은 구원을 받습니다."

🔑 질문으로 전도를 이끄는 법

"안녕하세요. ○○교회에서 나왔습니다."

주목을 끌고 경계를 풀기 위해 가지고 간 교회 선물을 준다.

예수님이 우물가에서 사마리아 여인에게 물 한 잔 달라고 말씀하신 것은 주목을 끌고 그의 마음의 문을 여는 접근식 기법이다. 선물을 준 다음 전도인은 질문으로 이야기를 이끌어 가 예수를 믿게 한다.

- 예수님을 아십니까?
- 왜 예수님이 십자가에 못박혀 죽으셨다고 생각하십니까?
- 왜 많은 사람들이 예수를 믿는지 아십니까?
- 어떤 사람이 천국 가고 어떤 사람이 지옥 가는지 아십니까?
- 만약 당신이 지금 죽는다면 천국 갈 수 있나요?

전도대상자는 대답을 하지 못할 것이다. 전도인은 전도대상자에게 "천국 가려면 죄를 회개하고 예수님을 믿어야 합니다"라고 말해야 한다. 예수를 믿으면 천국 가고 영생을 얻는다고 말한다. 또한 땅에서도 잘된다고 말한다. 다섯 가지 복을 받는다.

** 다섯 가지 복
① 생육하다   ② 번성하다   ③ 땅에 충만   ④ 땅을 정복

⑤ 바다의 물고기와 하늘의 새와 땅에 움직이는 모든 생물을 다스리라.

🔑 찾아오는 전도전략

(1) 이미지를 판다.
(2) 주부대학, 어머니 교실, 아버지학교
(3) 알파코스
(4) 열린 특강의 장소, 결혼식장 대여
(5) 인터넷을 통한 전도
(6) SNS를 통한 전도
(7) 문화센터와 카페
(8) 바자회
(9) 광고(아파트 단지 내 거울 설치 등)

A Anyone can come
누구든지 올 수 있습니다.
L Learning and Laughter
웃으면서 재미있게 배웁니다.
P Paster
음식을 함께 먹습니다.
H Helping one another
서로 섬기면서 돕습니다.
A Ask anything
무엇이든지 물어볼 수 있습니다.

🔑 섬김의 전도전략

(1) 시니어 대학
(2) 지하철 쉼터
(3) 우산 빌려 주기

(4) 눈 쓸기와 얼음 깨기

(5) 분갈이

(6) 구두 굽갈이, 구두닦이

(7) 세차해 주기

(8) 어려운 분 초청하기

⑤ 거절(반대) 처리하기

앞장의 거절 처리 참고

⑥ 마무리(종결 단계)

🏷️ 언제 마무리를 지어야 할 것인가?

- 전도대상자가 열심히 질문을 해 올 때

- 몸을 앞으로 쭉 내밀고 들을 때 (바싹 앞으로 다가선다)

- 맞장구를 친 다음

- 예배시간에 대해 물었을 때

- 어른 예배와 아이들 예배 시간에 대한 질문이 있을 때

- 타 교회와 비교하기 시작했을 때

- 목사님에 대해 물었을 때

🏷️ 마무리(종결) 테크닉

- 상대가 우리 교회에 나온다고 인정하고 말하라.
- 양자 택일법을 시도하라. "9시 30분 예배와 11시 30분 예배 중 어느 예배를 선택하시겠습니까?"
- 종종 마무리를 시도하라.
- 예스, 예스 테크닉을 이용하라.
  - 하나님은 참 좋은 분이시지요. 그렇죠.
  - 우리 교회 참 좋은 교회지요. 그렇죠.
- 빈 칸을 메우는 테크닉 - 새신자등록카드 작성
- 공포를 사용하라. 예수 안 믿으면 지옥 간다.

🔑 재방문

 재방문 접근

① 자기 소개를 다시 한다.
② 미결사항을 처리한다.
③ 전도대상자가 사용한 말을 떠올린다.

🏷️ 재방문 시의 유의점

① 인간관계 강화에 노력을 기울인다.
② 불만사항을 잘 듣는다.

③ 가망 정도를 판정한다.
④ 상대의 성격을 파악한다.

⁂ 전도 사례

나는 새벽예배 후 7시경 전도 현장으로 나간다. 운동하는 사람에게 접근하여 "운동 나오셨어요? 덥지요?" 하고 말을 걸며 인사한다. 경계를 풀고 주목을 끌고 상대의 마음의 문을 열기 위해 부채를 준다.

전도는 질문으로 시작한다. "교회에 나간 적이 있습니까?" 하고 물으면 "교회에 나간 적이 있었지요. 지금은 안 나가고 있습니다." "왜 안 나가고 있습니까?" "교회가 너무나 헌금을 강요하고, 한두 번 안 나가다가 보니 안 나가게 되었네요." "헌금에 구애받지 않고 나오세요. 헌금은 하나님의 돈의 일부를 내놓는 것입니다."

교회에 나간 적이 없다고 답하는 경우가 있다.

"예수님에 대해서 아십니까? 어느 정도 아십니까? 예수님은 우리를 대신해서 하나밖에 없는 생명까지도 내놓으신 분입니다. 예수를 믿어야 구원받고 천국 갑니다. 그리고 땅에서도 잘되고 사람답게 삽니다. 대화 속에 복음의 씨앗을 심어야 합니다. 이번 주일날 초청하겠습니다. 11시 10분에 교회 입구에서 기다리겠습니다.

✱✱ 아파트 입주 전도 사이클 (Cycle)

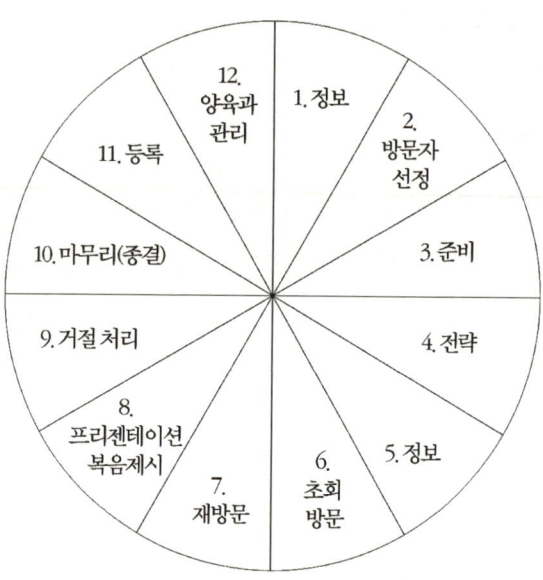

 필요한 정보

① 사전 점검일

② 입주일

③ 어느 지역에서 이사 오는가

④ 관리소장, 시공사 소장, 경비, 시행사 소장

⑤ 입주자들의 이사 일정 계획 수집

⑥ 아파트 공동현관 Key 번호

방문자 선정

① 이사 오는 사람

② 아파트 각 세대

③ 단지 내에서 만나는 사람

④ 전화번호부

⑤ 이벤트 참가자 명단

⑥ 판매업자

 준비

① 전도대상자와 대화 나눌 말 준비

② 전도 시 필요한 전도물품 준비

③ 입주자 중에서 협조해 줄 사람 만들기

④ 예상 거절의 종류와 응대법 준비

⑤ 몸가짐과 마음가짐

 전략

① 단지 내 전도용 부스 설치

② 효과적인 물품 준비(쓰레기 봉투, 생수, 화장지, 고무장갑 등)

③ 아파트 규모에 맞는 인력 배치

④ 입주자 중에서 협조해 줄 사람 만들기

⑤ 현관문 마음대로 들어가기

⑥ 최고의 전도 상품을 만들다.

⑦ 무료 피아노 조율

⑧ 30% 할인권

⑨ 책 주기

⑩ 화분 주기

🏷️ 기도

① 영혼을 사랑하는 마음을 주시옵소서.

② 전도의 능력을 주시옵소서.

③ 성령충만하게 해 주시옵소서.

④ 지혜와 명철을 주시옵소서.

⑤ 하나님의 도우심으로 상대를 예수 믿게 하옵소서.

⑥ 마귀와 싸워 이기게 하옵소서.

⑦ 어떤 어려움에도 좌절하지 않고, 낙담하지 않고, 포기하지 않게 하옵소서.

⑧ 항상 긍정적이고 적극적인 사람으로 만들어 주시옵소서.

🏷️ 처음 방문(찾아가는 전도 시스템 참조)

① 방문 직전의 준비사항

② 처음 방문 시 마음가짐과 요령

③ 처음 방문 시 유의점

④ 처음 방문을 성공으로 이끄는 도구

⑤ 처음 방문 전도시스템

** 처음 방문의 경우는 전도대상자에 따라 어프로치(접근)의 방법을 여러 가지로 할 필요가 있다. 예를 들면, 연고 전도를 목적으로 한 전도방법이 다르고, 소개를 받고 접근하는 방법이 다르며, 전혀 모르는 상대자에게 접근하는 방법이 다르다.

6) 표적(Targeting) – STP전략과 표적

마케팅에서 성공하려면 STP전략이 필요하다. STP전략의 구성 요소는 시장 세분화(Segmentation), 표적 시장(Targeting), 포지셔닝(Positioning) 이렇게 3가지로 구성되어 있고 앞글자를 따서 통상 STP전략이라고 한다.

표적 시장을 선택한 후 포지셔닝을 하는데 포지셔닝은 고객의 마음을 훔친다는 뜻이고, 포지셔닝에서 결과적으로 중요한 것은 서비스 컨셉인데 서비스 컨셉은 회사가 고객에게 제공하는 서비스 약속이다. 마케팅 전도법에서도 STP전략은 전도 성공의 비결이다.

먼저 전도시장을 지역별, 연령별로 세분화하여 표적 시장의 대상을 정한 후 공략해야 하는데 이때 전도인은 전도대상자에 대해서 마케팅식 전도법의 〈전도 사이클 ②의 전도대상자 찾기〉를 써서 Targeting(표적)을 정한 후 전도법을 사용하라.

7) 이미지 메이킹(Image making)

이미지(심상, 영상, 형상, 인상)는 마음속에 언어로 그린 그림으로 정의된다.

하나님이 말씀하시기를 우리의 형상을 따라 우리의 이미지대로 사람을 만들자 하시니라.

사람들은 오직 이미지를 통해서만 사고한다.

그대가 철학자가 되고 싶거든 소설을 쓰라.

그대가 구원받아 하나님의 자녀가 되고 싶거든 교회에 나가라.

그대가 목사가 되고 싶거든 신학교를 가라.

한평생에 여러 권의 작품을 만들어 내는 것보다 차라리 하나의 이미지를 제시하는 편이 낫다.

** 누구 하면 어떤 이미지가 떠오르는가?

- 예수님 – 십자가
- 故 이중표 목사 – 한신교회 설립자, 별세신학, 전국목회자세미나

- 이순신 – 거북선
- 세종대왕 – 훈민정음
- 김연아 – 피겨 여왕
- 이미자 – 가수, 동백아가씨, 전설 같은 가수
- 이윤재 – 한신교회 목사, 전국목회자세미나
- 박지성 – 축구
- 박세리 – 골프 전설, 골프 여왕, 명예의 전당
- 박인비 – 골프 여왕, 명예의 전당
- 손연재 – 체조(리듬체조)
- 이승엽 – 야구
- 곽준상 – 판매왕, 전도왕, 명강사
- 장경동 – 목사, 부흥사, 기쁨과 행복을 주는 목사
- 성경(신약)은 예수님 자신의 이미지다.

(1) 이미지를 팔다
좋은 이미지는 찾아오는 전도전략이 된다.

① 예수님의 이미지를 보고 예수를 믿는 계기가 된 사람들이 많다.

② ○○교회의 이미지를 보고 예수 믿거나 교회에 나온 사람들이 있다.

- 건물이 마음에 든다. 주차장이 넓다.
- 세상에서 소금과 빛의 역할을 한다.
- 예수의 마음으로 세상을 섬긴다
- 이웃을 섬기는 교회로 지역사회에서 좋은 평판이 높다.
- 목사님이 명설교가로 명성이 높다.

③ 전도자 자신의 이미지

교회에 나오는 결정의 계기는 전도자의 좋은 이미지다.

- 성실
- 전도의 열정
- 매너
- 신뢰
- 성경지식 풍부
- 긍정적이고 적극적
- 좋은 인상
- 존경의 표시
- 칭찬화법
- 사랑과 섬김

④ 전도대상자들이 보는 곽준상

- 성실하며 전도를 열심히 하는 사람
- 약속은 틀림없는 사람
- 섬길 줄 아는 사람
- 적극적인 사람
- 무엇인가를 주려고 하는 사람
- 도움을 주려고 애쓰는 사람

- 예의바른 사람
- 멋스러운 사람
- 대단한 끈기의 소유자
- 인상 좋은 사람

⑤ 한신교회 교인들이 보는 곽준상
- 전도왕
- 긍정적인 사람
- 멋쟁이
- 신사(젠틀맨)
- 명품의 사람
- 해결사

8) 새롭게 태어남(New Born)

원죄 때문에 죽었던 영이 예수를 믿음으로 영적으로 새사람이 된다. 거듭남은 예수 그리스도를 믿음으로 가능하며(요 14:6), 새롭게 태어남은 죄 때문에 영적으로 죽어 있던 존재가 은혜로 새 생명을 얻어 전인격적이고 근본적으로 변화하는 것.

9) 천국에 가는 법(Go to Heaven)

천국은 구원받은 뒤 우리의 영이 가는 곳이고 하나님께서 다스리시는 나라(하늘의 왕국)를 말한다. 불신자가 구원을 통해 새사람으로 거듭나 천국에 가도록 돕는 것이 전도의 목적이고 사명이다.

🔑 접근 성공 사례

나와 같은 아파트 단지에 사는 60살쯤 되는 여인이 있다. 간혹 승강기에서 그녀를 뵙는다. 나는 그녀를 볼 때마다 "안녕하세요(Good Morning)" 하고 인사한다. 손자와 어린이집에 가는 것 같다. "손자, 이놈 잘생겼네. 영리하게 생겨서 공부도 잘하겠네." 몇 차례 승강기에서 보고 얼마 후 아파트 단지 마당에서 다시 뵙게 되었다. 나는 그녀에게 접근하여 미소 지은 얼굴로 인사하고 예의 바른 태도로 본인을 소개하였다.

"○○○동 ○○호에 살고 이 앞에 있는 한신교회에 나가고 있습니다. 교회에 나간 적 있나요?", "아니오." "예수를 믿으면 구원받고 천국도 가고 땅에 사는 동안 기쁨이 넘치고 건강하고 소망도 이루고 은혜가 강물처럼 넘칩니다. 우리 교회에 나오세요. 우리 교회 참 좋은 교회입니다."

며칠 후 다시 만나게 되었다. "어디 다녀오세요?" "병원에 갔다 옵니다." "어디가 편찮으세요?" 하고 물었다. 소화도 안 되고, 관절도 안 좋다고 한다. "마음이 아프네요. 고운 얼굴이 다소 핼쑥해졌네요. 하루 속히 쾌유하시기를 기도하겠습니다."

나는 빨리 명함집에서 내 명함을 꺼내 그녀에게 주며 내 핸드폰을 열고 그녀의 핸드폰 번호와 이름을 알아 입력하게 되었다.

며칠 후 칫솔 세트를 가지고 그녀의 집을 방문하기 위해 전화를 걸었다. 다음 주 교회에서 뵙자고 한다.

[이 사례를 분석해 보자]

첫째, 서두르지 않고 끈기를 가지고 시도하였다.
둘째, Good Morning 인사법을 썼다. 상냥한 인사로 나를 팔았다.
셋째, 항상 예의바른 태도로 호감을 사 좋은 관계의 형성을 꾀했다.
넷째, 손자에게 칭찬법을 사용하여 상대의 마음 문을 열게 하였다.
다섯째, 천국 메시지를 전해 복음을 팔았다.
여섯째, 소화도 안 되고 관절도 안 좋아 두 병원에 다녀 온다는 말을 듣고 '마음이 아프네요' 감정이입법 사용으로 상대의 마음을 얻었다.
일곱째, 상대의 이름과 핸드폰 번호를 알기 위해 내 명함을 먼저 주는 핸드폰 작전에 성공했다.
여덟째, 교회 나오게 하기 위해 선물을 가지고 방문을 시도했다.

그녀는 교회에 나오겠다고 답했다.

2. 예수 전도법(JESUS 전도법)

JESUS 전도법은 신약의 예수님의 전도 활동을 통해 나의 창조적인 아이디어로 창안된 획기적인 전도법이다.

J	E	S	U	S
Joy	Enthusiasm	Servant	Understanding	Skill

1) 보물을 찾는 기쁨(Joy)

전도는 숨겨진 영혼의 보물을 찾는 것이다. 전도인은 보물을 찾는 기쁨으로 전도하러 간다면 좋은 성과를 얻을 것이다. 나는 초등학교 시절에 소풍 간다면 기쁨을 감추지 못했다. 맛있는 도시

락도 먹고 보물 찾는 일이 더욱 기뻤다. 보물 찾을 때는 이리 뛰고 저리 뛰어 보물찾기에 혈안이 되었다.

전도에 있어 영혼은 보물이다. 전도를 보물 찾는 기분으로 한다면 좋은 결과를 낳는다. 감추어진 보물을 찾는 데 노력도 해야 하지만 끈기가 필요하다. 전도도 마찬가지다. 예수님은 어떠한 상황에서도 기쁨으로 전도하셨다. 나는 전도하러 나갈 때 보물 찾는 기쁨으로 시작했다.

2) 예수님의 열정(Enthusiasm)

예수님은 전도에 열정을 쏟으셨다. 예수님은 전도여행 지도에서 보는 바와 같이 여러 도시와 전 지역을 누비셨다. 전도인은 예수님처럼 열정적으로 전도해야 전도가 잘되고 좋은 성과를 거둔다. 열정은 성공의 열쇠(Key)다. 무엇을 하든지 열정이 있어야 성공한다. 열정은 성공인들의 공통분모이다.

전도도 마찬가지다. 내가 전도왕을 5년이나 한 것이나 교단 전체에서 전도 우수상과 공로상을 수상한 점, '전설 같은 인물'의 칭호를 받은 것도 전도에 열정을 쏟았기 때문이다. 전도에 대한 끼가 있고 열정지수가 높은 결과이다.

열정(Enthusiasm)은 고대 그리스어에서 나온 합성어로 '신'과 '내부'라는 의미를 갖고 있다. 당신 안에 신의 정신이 있다는 뜻이다. 다른 말로 하면, 당신 안에 하나님의 정신이 있다는 뜻이다.

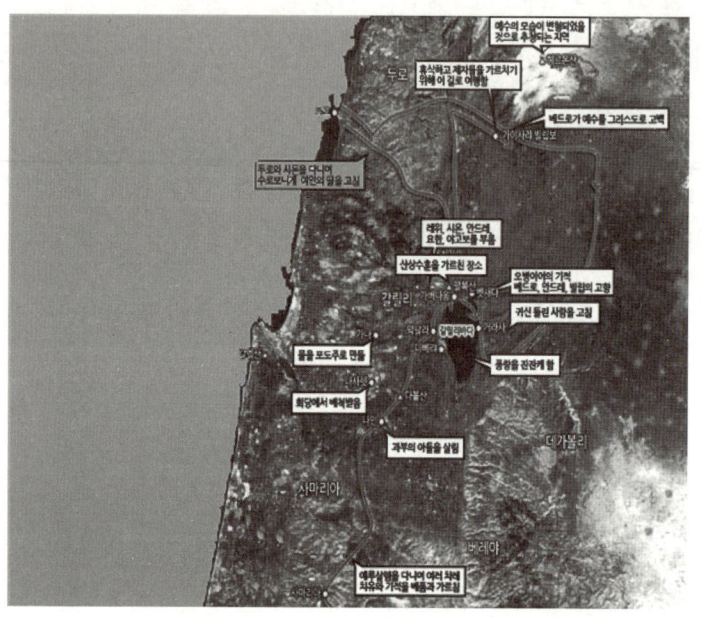

3) 예수님의 섬김(Servant)

예수님의 생애는 섬김이다. "인자가 온 것은 섬김을 받으려 함이 아니라 도리어 섬기려 하고"(마 20:28). 예수님은 사랑으로 섬기셨다. 병 고침도 전도도 사랑으로 섬기셨다. 미국 대통령 링컨이 미국 국민들에게 존경을 받은 것은 섬기는 리더십이었기 때문이다. 링컨 대통령의 유명한 일화가 있다. 남북전쟁을 승리로 이끌 즈음 링컨 대통령이 국방장관을 대동하고 맥클렌던 장군을 격려하기 위해 그의 숙소를 방문했다. 부재중이라 상당 시간 기다리고 있는데 그가 들어왔다. 그런데 그가 대통령을 보고도 인사 없이 2층 숙소로 올라가 버리는 것이다.

그가 내려오지 않아 국방장관이 2층으로 올라가 보니 자고 있는 것이다. 화가 몹시 난 장관은 "이게 무슨 짓인가? 예의 없이! 당신은 해고야!" 하고 2층에서 내려와서 대통령에게 "이럴 수 있습니까? 목을 날려야지 도저히 용서할 수 없어요"라고 말하자 대통령이 입을 열고 "얼마나 피곤했으면 그리했겠는가? 더 자게 놓아두게. 그의 전쟁의 승리를 감사해야지. 나는 그의 워커를 닦아 줄 마음이네. 싸움에서 이긴다면 무슨 일이든지 다 할 수 있어"라고 답했다. 오늘날 우리 지도자로서는 상상도 못 할 말이다.

나는 전도 시 상대의 섬김을 제1법칙으로 삼고 상대에 맞는 섬김이 무엇인가를 찾아 섬겼다. 부동산 중개업자에게는 매도인과 매수인의 정보도 주고, 치약, 칫솔, 빵, 과자 등도 주는 섬김으로 사랑을 베풀고 아직 미혼인 전도대상자에게는 배우자와 예식에 관한 모든 정보를 주고 중매도 하곤 하였다. 식당 운영자에게는 손님을 몰고 가는 정성과 섬김도 보여주고, 만나는 사람마다 그의 고민거리를 들어 주고 이익이 될 만한 것을 제공한다. 그것이 그들에게 미끼가 되어 교회 등록을 하게 된다. 섬김으로 사랑을 주어라. 사랑은 최고의 미끼다.

4) 무엇을 알아야 하는가(Understanding)

전도인이 꼭 알아야 할 지식

(1) 전도할 지역에 대해서 알아야 한다
- 세대 수가 얼마인가?
- 어떤 전도방법을 써야 좋은가?
- 교회가 몇 개 있고 성당이 있는가?
- 주로 어디에서 살다 이사 왔는가?
- 초등학교, 중학교, 고등학교가 있는가?
- 종교 분포도

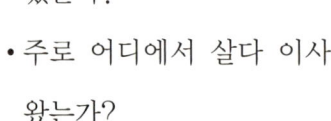

(2) 전도대상자를 알아야 한다
- 연령층　• 소득층　• 생활 수준　• 학력 수준　• 교통수단

(3) 성경(하나님 말씀) 지식
- 하나님에 대해서
- 예수님에 대해서

- 마태복음, 마가복음, 누가복음, 요한복음을 읽을 것

(4) 경쟁 교회에 대해서 알아야 할 지식
- 목사님 이름
- 목사님 말씀이 어떠한가?
- 교인 수
- 교인들이 교회에 대하여 바라는 욕구(Needs)
- 교인들의 불만사항
- 교회 시스템

(5) 전도 단계를 알다

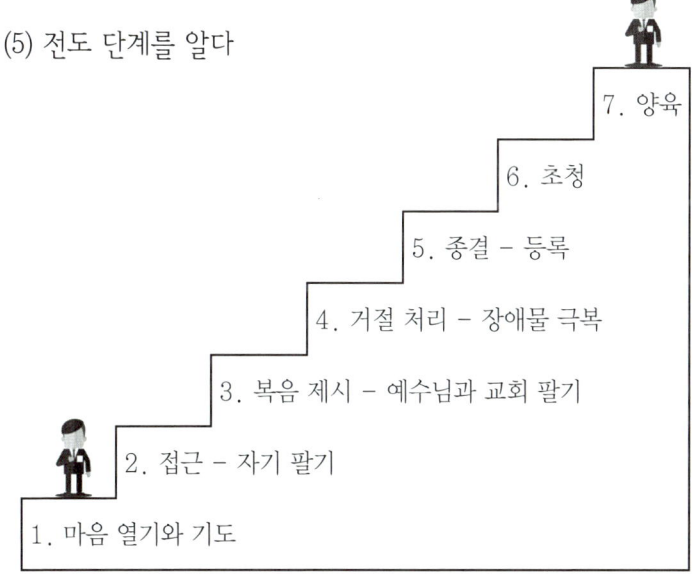

7. 양육
6. 초청
5. 종결 – 등록
4. 거절 처리 – 장애물 극복
3. 복음 제시 – 예수님과 교회 팔기
2. 접근 – 자기 팔기
1. 마음 열기와 기도

5) 예수님의 전도방법(Skill)

예수님은 탁월한 전도자

(1) 예수 그리스도의 전도 원리(요 4:7-26)

예수님이 보여주신 전도의 원리

첫째, 인간적 접촉의 원리

물을 좀 달라(7절)고 하심으로 사마리아 여인의 마음을 열어 놓으셨다.

둘째, 점진적 주제 발전의 원리

예수께서 물이 있는 곳에서 '생수'라는 단어를 사용하시면서 여인의 영적 호기심을 발동시키셨다(10-12절).

셋째, 초대 또는 초청의 원리

자신이 주는 생수를 먹으라고 초청하셨다(13-14절).

넷째, 죄 고발의 원리

예수께서 여인이 아직도 영적 진리를 깨닫지 못하자(15절) 그녀의 죄 문제를 자연스럽게 들춰내심으로써 각성을 촉구하셨다(16-18절).

다섯째, 선포의 원리

예수께서 여인이 그를 선지자라고 인정한 것(19절)에 만족하시지 않고 직접 자신이 메시아 곧 그리스도이심을 밝히셨다(25-26절).

'예수 그리스도'라는 선포는 복음 전도의 대주제이다.

(2) 예수님의 "와 보라"는 전도방법

첫째, 오늘날의 사람들이 가장 갈급해하고 있는 욕구가 무언지를 파악해야 한다. 그리스도께서는 제일 먼저 '무엇을 구하느냐'고 물으셨다. 이것은 상대방에 대한 관심의 표명이고 더 나아가서 그들이 갈망하는 바를 이룰 수 있는 길을 제시해 주겠다는 적극적인 자세이다. 이와 마찬가지로 복음의 증거자 된 우리도 오늘날 영적 갈증으로 인해 허덕이고 있는 자들에게 사랑과 관심을 기울이고 그들이 지니고 있는 문제점이 무엇인지를 파악해야 할 필요성이 있다.

둘째, 그들의 문제점과 관련지어 복음의 진리로 그들을 인도해 들인 후 그 진리를 증거해 주어야 한다. 그리스도께 "무엇을 구하느냐"는 질문을 받은 두 사람은 "랍비여 어디 계시오니까" 하고 그들의 궁금증에 대하여 털어놓았다. 그러자 그리스도께서는 "와 보라"는 말씀으로 그들을 초대하였다. 이러한 자세는 복음 증거에서도 동일하게 요구된다. 사람들의 영적 갈증을 해소시켜 줄 수 있는 길은 오직 하나님의 진리의 말씀 가운데로 그들을 초대하고 그것에 대하여 증거해 주는 것뿐이다.

셋째, 복음을 받아들인 자들에 대한 계속적인 양육이 있어야 한다.

와 보라 전도법
첫째, 갈급한 욕구 파악 둘째, 진리의 말씀으로 인도

(3) "내게로 오라" 예수님 전도법

예수님께서는 모든 수고하고 무거운 짐 진 자들에게 "다 내게로 오라"고 초청의 말씀을 하셨다. 당시나 지금을 막론하고 모든 인간들은 육체적인 생명을 유지하기 위해 수고해야 하며 영적으로는 죄와 죽음의 짐을 지고 가는 고달픈 삶을 살아갈 수밖에 없는 존재들이다. 이러한 인간들을 하나님의 나라로 초대하기 위해 불러야 한다. 죄와 죽음의 고통으로 신음하고 있는 죄인들을 불러 영적 안식과 함께 영원한 구원을 주시고자 하는 예수 그리스도의 구원사역의 복음을 전해야 한다. 최고의 사랑은 전도이다.

(4) 진정한 필요(Need)를 찾아낼 것

전도자는 불신자를 만나 상담 중 가장 중시할 점은 상대의 필요(Need)를 찾아내어 그의 필요를 충족해 주는 것이다. 당신이 치과에 가서 의사가 진단하기 시작할 때, 처음에는 "아무렇지도 않습니다"라고 했다가 의사가 이곳 저곳 건드리는 과정에서 갑작스레 쑤시는 듯한 아픔에 펄쩍 뛸 것이다. 그것은 의사가 아픈 곳을 건드렸기 때문이다. 전도인인 당신도 복음에 민감하도록 삶의 권태, 무의미한 삶, 죄의식으로 인한 무력감, 견딜 수 없는 외로움, 죽음에 대한 두려움 등을 건드려 전도에 도움을 삼자.

(5) 마시게 하지 말고 갈증나게 하라

"말을 물가에 끌고는 갈 수 있지만 물을 먹일 수는 없다"라는 유태인의 격언이 있다. 성공하는 전도인은 불신자에게 강압적으로 예수님을 팔지 않는다. 불신자의 마음속에 전도인이 제안한 것을 사고 싶은 충동을 일으키는 말(言)의 마술을 쓴다.

상대가 무엇을 바라고 있는가, 무엇에 갈증을 느끼고 무엇에 굶주리고 있는가를 잘 알아 상대의 필요성 혹은 공상(空想)에 호소한다. 불신자는 예수 믿지 않고는 못 견딜 것이다.

나의 과거 세일즈맨 시절에 있었던 이야기이다. "당신의 권유를 받은 그 순간에는 돈이 없어서 살 수 없었지만 사지 않고는 병이 날 것 같아 내가 소중히 여기는 독일제 라이카 카메라를 팔아 사기로 결정했다"며 나를 불러 계약을 체결한 사람이 있었다.

이것은 상대로 하여금 갈증을 느끼도록 상대의 마음속에 구매 욕구를 심어놓은 결과이다.

(6) 전도 성공의 간단한 과정

가. 친구가 될 것

전도하기 위해서는 사람을 만나야 하고 그 사람과 대화를 나눌 친숙한 관계를 만들어야 한다. 이웃 사람 같으면 차나 식사를 함께할 시간을 만들고 운동을 함께하거나 어울리는 것이 좋은 방법이다. 예수님의 매력이 얼마나 대단하였는지 생각해 보라. 모든 세리와 죄인들이 말씀을 들으려 가까이 나아와 죄인을 영접하고 음식을 같이 먹는다(눅 15:1-2). 예수님께서 불신자들과 어울려 지내심으로써 여러 사람의 삶을 바꿔 놓는 계기가 마련되었다.

내가 A식당 사장을 전도한 사례를 소개해 본다.

처음 방문 시 식당에 들러 식사함으로 얼굴을 알린다. 분위기와 먹은 음식에 대해 특별한 칭찬을 함으로 나를 기억하게 만든다. 그때 명함을 내밀며 자기를 소개한다.

2차 방문 시엔 교회 부목사를 대동한다. 그때는 전도할 대상인가를 가벼운 질문으로 알아본다. 두 가지 질문을 한다. 첫 번째 질문은 "교회에 나간 적이 있습니까?" 두 번째 질문은 "어디에 사시는지요?"

두 가지 질문을 통해 ①가능한가 ②조금은 어렵지만 할 수 있는가 ③가능성이 희박한가 ④불가능한가를 알 수 있다.

①, ②에 해당할 경우, 본격적인 전도를 시도한다. 대화할 만한 시간에 3차 방문한다. "그동안 왜 교회를 멀리하셨나요?" "바쁘기도 하였지만 별로 은혜가 안 되어서요" 등의 대화가 오가게 되

면 우리 교회가 참 좋은 이유를 설명한다. "식당의 분위기도 좋고 음식도 좋아 우리 교인들이 좋아하겠습니다." 그러면 거의 관심과 흥미를 갖는다. 2~3번 더 찾아가서 전도가 되었고 그 사장은 우리 교회에 나오게 되었다.

(7) 7가지 지체 전도법(고전 12:12)

① 머리 (전략, 꾀)

전도인에게 아주 중요한 지체이다. 아파트나 주택을 방문할 때 닫혀진 문을 여는 데는 머리를 쓰는 전략이 필요하다. 만나 주지 않는 사람을 만날 시에도 마찬가지이다.

② 눈 (전도대상자를 찾는 눈)

하루에도 수없이 많은 사람을 본다. 우리 주위엔 불신자들이 엄청나게 많다. 전도대상자를 찾는 눈을 가져야 한다. 전도인은 그들을 불쌍히 여기는 마음의 눈으로 바라보아야 하고 그들을 전도해야겠다는 마음을 가져야 한다. 그들에게 가볍게 접근하여 말을 걸고 자기 소개를 하고 예수님에 대해 말을 해 본다.

③ 입 (설득시키는 입, 확신시키는 입, 동기부여 입)

입은 전도인의 무기이고 입에서 나오는 말은 실탄이다. 전도인에게 중요한 것은 말이다. 사람을 처음 만나거나 다시 만나거나 말을 해야 하고 질문하여 그들의 필요를 파악해야 한다. 말은 예수 안 믿겠다는 사람을 설득시키기도 하고, 예수 믿으면 좋은 이유를 다 말하기도 하고, 왜 예수가 좋은가를 확신시키기도 한다. 입에서 나오는 말로 갈증을 느끼게 하기도 하고, 예수님처럼 물을 생수로 만들기도 해야 한다.

④ 귀 (잘 들어야 필요 파악)

가장 말을 잘하는 사람은 잘 듣는 사람이라고 한다. 귀를 통해 상대의 생각을 알 수 있고 마음을 알 수 있다. 상대의 마음의 과녁을 맞출 수 있다. 잘 듣는 귀는 설득력을 높일 수 있다.

⑤ 마음 (사랑의 마음, 섬기는 마음, 승리하는 마음)

전도를 잘하려면 예수님의 사랑의 마음을 품어야 하고 전해야 한다. 사랑은 전도의 무기이고 최고의 비결이다. 예수님처럼 섬기는 마음으로 좋은 관계를 맺고 상대를 움직여야 한다. 전도인이 가져야 할 마음가짐 중 하나는 전도해야 할 대상자를 꼭 전도해야겠다는 마음을 가지는 것이다.

⑥ 손 (베푸는 손, 전달하는 손, 주는 손)

사랑을 베푸는 손. 우리는 만나는 사람에게 주는 손이 필요하다. 나는 방문할 때 빈 손으로 가지 않는다. 붕어빵, 공갈빵, 아이스크림, 쌀과자, 고구마, 커피, 옥수수 등을 가지고 간다. 또한 팸플릿 전단지 등을 전달한다.

⑦ 발 (찾아가는 발, 전도의 무기)

전도인의 실적은 방문 횟수와 정비례한다. 전도 성공은 부지런한 발에 있다. 전도는 족(足) 철학이라는 말이 있다.

(8) 3분 전도 스피치

"안녕하세요? 저는 OO교회에 나가는 OOO입니다. 인생 최고의 안내자가 되기 위해 방문했습니다. (또는) 최고의 선물을 주기 위해 방문했습니다."

Q : 교회에 나간 적이 있습니까?

A : 초등학교 때 나갔습니다.

Q : 왜 지금은 안 나갑니까?

A : 먹고 살기에 바빠서 못 나가고 있습니다.

Q : 아무리 바쁘더라도 하나님을 가까이하셔야 합니다. 육체 건강과 정신 건강을 위해 1주일에 하루쯤은 쉬는 게 좋습니다. 하루 쉬기도 어려우면 예배 드리는 시간인 1시간 정도 시간을 내십시오. 큰 은혜 속에 행복이 무엇인가를 알 것입니다. 하나님을 가까이하십시오. 참된 그리스도인이 되고 싶지 않습니까? 가치있는 결단을 내리십시오. 이번 주일에 VIP로 초대하겠습니다.

(9) 장애우 여대생의 전도 예화

K양은 같은 대학에 다닌 한 장애우 여대생을 사귀게 되었다.

그리스도인인 K양은 어느 날 신체가 부자유스런 L양이 문을 통과할 때 처음으로 그녀를 도와주게 되었고 그 이후로 K양은 계속 도움을 주기 위해 같은 장소에서 L양을 만났다. 두 사람은 많은 대화도 나누고 친숙하게 지내게 되었고 K양은 L양에게 많은 사랑을 주었다. K양은 학업에서 좌절에 빠졌을 때 하나님께 기도함으로 응답받은 것을 설명해 주었다. (간증) 그로 인해 격려를 받은 L양은 다음 주일날 오랜만에 처음으로 K양을 따라 교회에 나가게 되었다. L양은 거기에서 하나님을 만났고 하나님이 자신에게 큰 힘이 될 것이라는 소망도 가졌다. 학기 내내 그들은 우정이 두텁게 되었다. L양의 부모는 너무나 기뻤다. L양을 따라 교회에 나가게 되고 교회에서 큰 일꾼이 되어 많은 봉사활동을 하며 행복한 생활을 하게 되었다. K양의 섬김과 사랑은 한 영혼뿐만 아니라 그 가정 전부를 구원하게 되었다.

그것은 한편에 '사람'을 다른 편에 '하나님'을 두고 그 사이에 큰 간격이 있는 것을 그려놓은 '다리 예화.'

L양이 사람의 편에서 하나님 편으로 어떻게 옮겨 갈 수 있는지

아느냐는 질문에 "넌 알고 있지? 내게 말 좀 해줘"라고 했다.

K양은 L양에게 우리가 우리 자신의 삶을 다스릴 때는 영원한 죽음과 좌절을 경험하지만 그리스도께서 우리의 삶을 다스릴 때는 하나님의 땅에서 기쁨과 평안과 생명을 경험한다고 말해 주었다. L양은 자신의 위치가 그 다리의 중간쯤에 있다고 말하고, 완전히 건너가서 그리스도를 주님으로 모시고 살고 싶다고 하였다. L양은 기도로 주님을 마음속에 모셔들였고 그녀의 미래는 하나님의 손 안에서 안전하게 보장된 것이다.

3. 결혼식 전도법(Marriage 전도법)

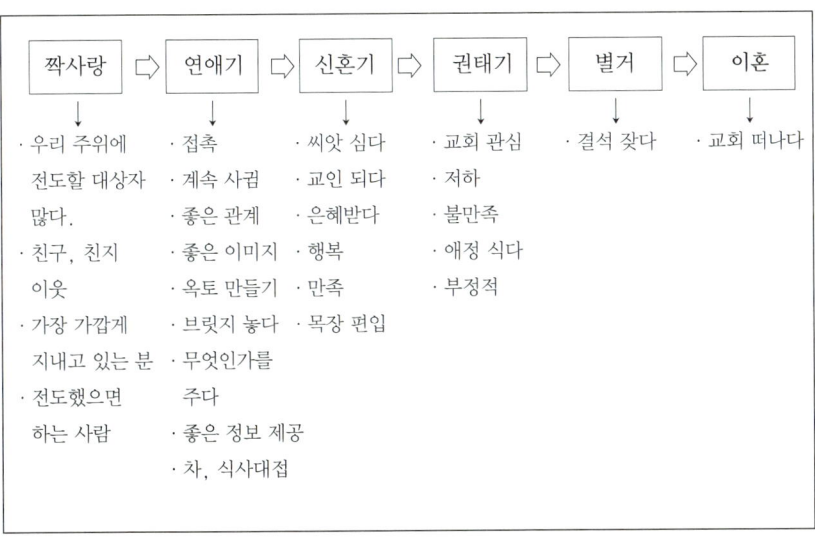

당신은 짝사랑을 해 본 적이 있을 것이다. 짝사랑이 짝사랑으로 끝나버리거나 짝사랑하다 용기를 내어 사랑 고백으로 교제하다 짧게 또는 길게 연애하다 결혼하게 된 경우가 있을 것이다. 오랫동안 연애의 감정으로 아들, 딸 낳고 행복하게 살아가는 경우가 있는가 하면 권태기에 빠져 과거 연애할 때의 사랑은 사라지고 별거하다 마침내 이혼으로 가는 경우가 있듯이, 전도도 이와 같다.

우리 주위에는 전도할 만한 사람이 많이 있다. 그들을 '전도하면 좋겠지' 하고 생각하다 끝나는 경우가 있기도 하고(짝사랑) 때론 용기를 내어 찾아가 바로 복음을 전하는 경우도 있지만 상대의 자갈밭 같은 마음을 전도하기 좋은 옥토로 만들기 위해 연애하는 기분으로 식사도 하고 차도 마신다. 때론 선물도 준다. 두 사람과의 관계는 더 좋은 관계로 들어간다(연애기). 상대의 마음은 옥토가 된다. 이때 복음 씨앗을 심어야 전도 결실을 맺는다(신혼기). 예수 믿고 은혜로 오랫동안 행복을 누리는 신혼기에 교회에서 집사, 안수집사, 권사, 장로에 오르며 여러 사역을 하기도 한다. 그러나 교회에서 싫증을 느껴 교회생활을 청산(별거)하다 그만두게 된다(이혼).

4. 어부 전도법(Fisher 전도법)

〈어부와 전도인의 성공 비결〉

어 부	전도인(자)
바다 출항	사람 만나러 감
두려움과 공포 탈피, 믿음과 용기	두려움과 공포 탈피, 믿음과 용기
도전과 끈기	도전과 끈기
열정	열정
창조적, 긍정적, 적극적	창조적, 긍정적, 적극적
무기(그물, 낚시, 통발)	전도 무기(하나님 말씀, 전도 도구)
장애물(태풍, 날씨)	장애물(전도 방해꾼)
기술 – 타이밍	전도 기술 • 자신을 호감 있게 팔고 • 자신감 있게 접근 • 예수 믿으면 무엇이 좋은가를 설명 • 반대(거절) 처리 • 종결
미끼 – 고등어, 전어, 지렁이 등	전도 미끼 (예수님, 교회, 목사님, 교회관, 가치관, 사업, 맛집, 6성급 교회)

어부가 고기를 잡기 위해 깊은 바다에 나가는 것을 두려워하지 않는 것처럼 전도자도 사람(전도대상자) 만나는 두려움과 공포에서 벗어나 될 수 있는 한 많은 사람을 만나야 한다. 전문적인 어부인 베드로가 깊은 바다에 못 들어가고 수심이 얕은 곳에서 고기를 잡고 있을 때 어획량이 신통치 않았다. 예수님께서 베드로에게 깊은 바다로 가서 그물을 던지라고 했을 때 주님의 말에 순종하고 믿음과 용기를 가지고 주님 말씀대로 하니 그물이 찢어지도록 많은 고기를 잡았다. 또한 우편으로 가라고 하셨을 때 그대로 따랐더니 153마리나 잡았다.

전도도 순종, 믿음, 용기가 필요하다. 어부가 물고기 잡는 데 그물, 낚시, 통발 등 무기가 필요하듯이 전도에도 무기가 필요하다. 전도의 무기는 성경(하나님 말씀)과 전도 도구(칫솔세트, 부채, 과자, 감자, 식사 할인권, 콩나물, 붕어빵 등)이다. 고기 잡는 데 상당한 기술이 필요하듯이 전도에도 특별한 기술이 필요하다.

전도의 기술로는 자기를 호감 있게, 멋지게 접근하고 예수 믿으면 무엇이 좋은가를 모두 설명하고 반대가 나왔을 때 설득력 있게 응대 처리하고 교회에 나올 수 있도록 매듭(종결)을 잘 짓는다. 무엇보다도 어종별 미끼가 필요하다. 전도에서 미끼는 아주 중요하다. 미끼의 사용이 전도의 핵심기술이다. 전도에서의 미끼는 예수님, 교회, 목사님, 상대의 욕구에 맞는 교회관, 가치관, 사업에 이익, 6성급 교회, 맛집 등이다.

　물고기들은 태풍이 오면 바다 깊은 곳으로 이동하며 안전한 곳으로 모이게 된다. 어부들은 바다 색깔만 보아도 태풍의 상태 정도를 파악한다. 경험이 많은 전문적인 어부들은 바다의 얼굴만 보아도 태풍을 미리 예측한다. 태풍이 오고 있으면 고기잡이를 중단하게 된다. 전도도 강풍으로 폭우가 쏟아지면 전도 활동이 어렵게 된다. 비가 적게 내릴 때는 전도 활동에 도움이 되기도 한다.

　만날 사람이 외출하지 않고 집이나 가게에 있어 만날 수 있기 때문이다. 긍정적 사고와 적극적 자세는 전도 활동에 크게 도움이 된다. 어부들은 탐지기를 통해 고기가 모인 곳과 고기 종류를 알아 공격하듯이 전도자도 전도대상자가 있는 곳을 찾아 전도의 공격 태세를 취해야 한다.

　낚시로 물고기를 잡는 데는 기술이 필요하다. 찌의 움직임을 보고 낚싯대를 들어 올리듯이 타이밍이 중요하다. 늦게 들어 올리면 미끼를 먹고 도망가고 빨리 들어 올리면 놀라서 도망간다. 전도도 타이밍이 아주 중요하다. 방문 시기나 상담에 있어 언제 무슨 말을 하고, 종결 시에는 너무 빨리하거나 늦게 해도 안 좋다.

　맛집 설명 – 세상에는 많은 음식점이 있다. 그중에서도 특별한 맛집이 있다. 교회도 음식점 못지않게 많다. 그중에서도 은혜가 넘치는 교회가 있다. 그곳이 영의 맛집이다.

5. 농부 전도법(Farmer 전도법)

〈농부와 전도인의 성공 비결〉

농 부	전도인(자)
근면, 성실, 끈기	근면, 성실, 끈기
연구(공부)	연구(공부)
건강	건강
인간관계	인간관계
열심	열심
신뢰, 진실하고 솔직	신뢰
땅의 성질 파악	성격, 기질 파악
옥토 만들기	좋은 환경 만들기 (옥토) 관심과 사랑, 정보 제공
좋은 상품 재배	훌륭한 성도 만들기
농사에 관련한 여러 지식	전도 지식, 시장 지식, 성경 지식
병충해	경쟁 종교 지식, 경쟁 종교와 다른 교회
농작물 재배 기술	전도 기술

농사꾼이 농사를 잘 지어 수확을 많이 하려면 먼저 갖추어야 할 조건이 있다.

조건 1 – 전답이 있어야 한다.

조건 2 – 부지런해야 한다.

조건 3 – 옥토를 만들어야 한다.

조건 4 – 땅의 성질을 알아야 한다.

조건 5 – 땅에 맞는 농작물을 심어야 한다.

조건 6 – 적기에 못자리를 해야 한다.

조건 7 – 필요한 물을 공급해야 한다.

조건 8 – 거름을 준다.

조건 9 – 피를 뽑는다.

조건 10 – 살충제를 뿌린다.

조건 11 – 김을 맨다.

조건 12 – 기후, 온도가 중요하다.

조건 13 – 농사를 짓는 기술이 필요하다.

전도도 농사짓는 것과 마찬가지로 조건과 기술이 필요하다. 농사짓는 법을 전도에 접목하여 적용한다면 좋은 결실이 있게 된다. 전도에 있어 시장(전답)은 참으로 크다. 자기 교회를 중심으로 동서남북으로 전도에 큰 시장을 가지고 있다.

기술이 있는 부지런한 전도자라면 엄청난 수확을 올린다. 경험이 풍부한 농사꾼이나 과학적인 농사꾼이 농사를 짓기 전에 땅의 성질을 파악하여 이 땅에는 무엇을 심고 저 땅에는 무엇을 심어야 할지를 미리 분석, 파악하여 농사를 짓는 것처럼 전도자도 만나야 할 전도대상자의 성격, 기질, 지연, 학연, 혈연을 사전에 알면 전도하는 데 많은 도움이 된다.

무엇을 심든지, 논이든 밭이든 옥토를 만들어야 한다. 그러기 위해 땅을 몇 번 뒤집고 퇴비도 주어야 한다. 그런 후에 알찬 씨앗을 심어야 한다. 가급적이면 방문 시 빈 손으로 가지 말고 조그마한 선물이라도 들고 간다. 그것이 농사에서 거름 주고 적당한 물을 공급하는 일이다.

농작물이 잘 자랄 즈음 벌레가 끼어 수확량이 감소하거나 헛농사를 막기 위해 살충제를 뿌리듯이 전도하기 위해 몇 번 만난 후에 상대방이 성당을 나간다든지, 절에 나간다든지 한다. 많은 노력과 공을 들였는데 약이 오른다. 이런 것을 병충해로 보고 살충제를 뿌려 잡아야 한다.

이렇게 하기 위해 극복법이 필요하다. 기술로 비교 설명한다든가 자기 교회를 명품 교회로 만들어야 한다.

03
전도의 성공법칙

- 이미 만들어져 있는 통조림 전도는 죽은 전도법이다. 전도를 잘하기 위해 살아 있는 전도법인 맞춤형 전도법을 만들어 사용해야 한다.
- 전도자가 열의를 가지고 복음을 전하면 상대에게 전염이 되어 예수를 믿게 된다. 열의는 무서운 전염병과 같다.
- 지식은 자신감을 낳고, 자신감은 열의를 낳고, 열의는 세계를 창조한다.
- 신념은 불가능을 가능으로 만든다. 신념이라는 힘이 300% 일을 할 수 있다면 신앙의 힘은 3000% 일을 할 수 있다고 한다.
- 내가 불타지 않고서 남을 불태우지 못한다.
- 미침은 열정을 낳고 열정은 성공을 낳는다.

III. 전도의 성공법칙

1. 전도 그리드(grid) – 당신은 어떤 타입의 전도자인가?

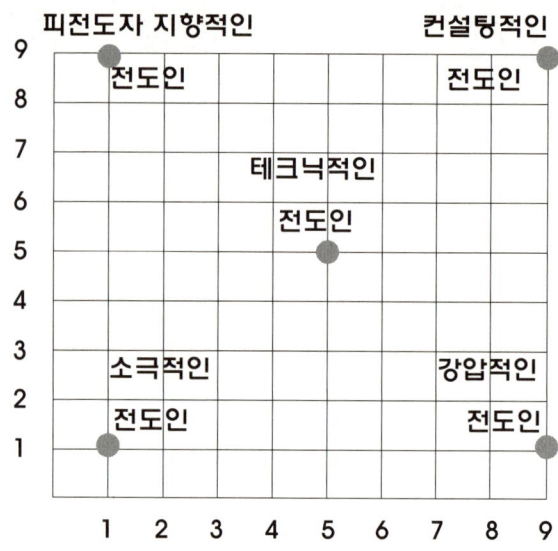

첫째 유형, 소극적인 전도인 (1-1)

전도에 대한 관심도 전도대상자에 대한 관심도 제일 낮다. 이런 전도인은 전도를 못 한다. 전도할 마음이 없다. 피전도인이 교회를 다녀보고 싶어 교회를 찾아와도 말을 걸지도 않는다. 피전도인인 대상자에 대해서도 관심이 없다. 상대의 요구에 응대해 주는 식의 전도인이다. 이런 전도인을 소극적인 전도인이라 한다.

둘째 유형, 피전도자 지향적인 전도인 (1-9)

전도에 대한 관심은 바닥이다(제일 저조하다). 그러나 전도대상자에 대한 관심은 제일 높다. 이런 타입의 전도인은 전도대상자에게 기분 좋게 하고 비위만 맞추어 주면 전도가 되겠지 하는 식의 전도인이다. '암탉에게 모이만 잘 주면 큰 알을 잘 낳아 주겠지' 믿는 식의 전도인이다.

전도대상자가 교회에 나가겠다고 의사 표시가 있을 때까지 기다리는 식의 전도인을 말한다. 이런 전도인을 피전도자 지향적인 전도인이라 한다.

셋째 유형, 강압적인 전도인 (9-1)

전도에 대한 관심은 아주 높다. 반면에 전도대상자에 대한 관심은 바닥이다(아주 낮다). 이런 전도인은 상대를 고려하지 않고 일방적으로 밀어 붙이는 식의 전도인을 말한다. 이런 전도인을 사람들은 싫어한다. 전도인에 대해 나쁜 인상을 받고 이런 전도인과는 만나기도 싫고 대화도 꺼린다. 다시 만나기도 싫어한다. 실적은 일시적으로 좋으나 장기적으로는 좋지 않다. 이런 전도인은 결국 성공을 못한다. 이런 전도인을 강압적인 전도인이라 한다.

넷째 유형, 테크닉적인 전도인 (5-5)

전도에 대한 관심도 전도대상자에 대한 관심도 중간이다. 이런 전도인은 테크닉(경험, 기술) 등으로 전도하는 유형이다. 성공도 실패도 반반(50%) 정도이다.

이런 유형의 전도인은 전도에 대한 관심도도 높이고 전도대상자에 대한 관심도도 높여 컨설팅적인 전도인이 되도록 노력해야 한다. 우리는 이런 전도인을 경험으로 터득한 테크닉적인 전도인이라 한다.

다섯째 유형, 컨설팅적인 전도인 (9-9)

전도에 대한 관심도 최고이고 전도대상자에 대한 관심도 최고이다. 이런 유형의 전도인은 상대의 입장에서 생각하며 상대의 필요가 무엇이고 상대의 문젯거리가 무엇일까 생각하고 문제해결에 도움을 주는 데 주력하고 이익과 도움을 주는 전도를 한다. 맞춤 전도를 한다. 이런 전도인을 컨설팅적인 전도인이라 한다. 전도 실적이 우수하다. 모든 전도인이 지향할 전도 방식이다.

2. 동물식 전도법 - 전도법을 동물에게 배우다

전도인은 동물에게서 그들의 강점을 배워 전도 활동에 참고하면 도움이 될 것이다.

독수리

새 중의 황제이다. 독수리는 몸의 5~6배나 되는 양 날개를 가지고 공중을 날다가 5m 전방의 벌레까지도 볼 수 있는 매서운 눈으로 먹이를 발견하면 즉시 공격한다. 날쌘 몸과 날카로운 발톱을 이용하여 먹이를 낚아채 돌도 깰 수 있는 강한 부리로 먹이를 먹는다.

전도자도 전도할 대상자를 찾는 독수리와 같은 매서운 눈을 활용해야 하고 독수리와 같은 강한 부리인 입을 사용하여 전도하도록 해야 한다.

사자

동물 세계에서 암사자들을 보면 날쌔고 먹이를 발견하면 눈에 띄지 않게 숨어서 관망하다 사정거리에 들어오면 전력

투구로 공격한다. 먹이를 놓치는 경우도 있지만 거의 성공한다. 전도도 사자처럼 스피디하게 공격하라. 지금이 전도할 때라고 생각하면 타이밍을 놓치지 말고 최선을 다하도록 해야 한다.

식인상어

자신의 모습이 발견되지 않도록 숨어 있다가 공격한다. 어떤 놈은 무조건 공격한다. 먹이가 이들의 사정거리에 들어오면 밥이 되고 만다. 이들은 날쌔기도 하고 물체를 주시하는 눈이 발달되어 있고 물체를 무는 이빨이 뛰어나고 공격하는 방법도 특출나다.

전도인들은 식인상어에게서 배울 점이 많다.

- 눈 – 우리의 눈도 식인상어처럼 밝아 전도대상자를 잘 찾아야 한다.
- 몸 – 식인상어처럼 민첩하고 스피디해야 한다.
- 입 – 식인상어의 입에는 먹이를 잘 무는 뾰족한 이빨이 있듯이 우리의 입은 설득력 있고, 확신시켜 주고 동기를 유발시키는 위력적인 입을 가져야 한다.

코끼리

코끼리처럼 늠름하고, 서두르지 않고 여유 있게 무게를 잡고 행동한다. 전도인도 서두르지 않고 침착하게 생각하며 전도한다.

4가지 동물 중에서 당신은 어떤 동물식이 좋은가? 다 배울 점이 있다.

3. 맞춤형 전도법

외국 국민을 초청하여 접대와 협상을 할 경우 맞춤 접대와 협상을 하게 된다. 그러기 위해 상대에 대해 알아야 할 지식과 정보가 필요하다.

전도도 맞춤 전도를 위해서는 상대(불신자)를 먼저 알아야 한다.

우리가 만나는 불신자들의 유형은 다양하다. 나이, 성격, 환경, 교육수준, 직업, 취미, 생활방식, 필요와 문제, 종교관 등 다양한 유형의 사람들을 만난다. 또한 만나는 불신자 중에는 관심적인 자와 수용적인 자가 있다. 이 사람들에 따라서 전도전략과 방법이 달라야 한다.

우리의 전도방식을 보면 대동소이한 전도방식을 사용하고 있다. 이미 만들어져 있는 통조림 전도를 하는 전도인이 많다. 이런 전도는 죽은 전도를 시도하는 것이다.

전도를 잘하기 위해 살아 있는 전도법인 맞춤형 전도법을 만들어 사용해야 한다. 그러기 위해 대상자가 누구인지를 알아야 하고, 그 사람의 문제와 필요를 알아내서 그것을 소구의 타깃으로 삼아 소구점을 제시하는 전도법을 써야 한다. 상대를 모르고 찾아갔을 경우엔 그분과의 소통(서로의 대화)에서 상대의 말을 경청하여 소구점을 알아내어야 한다. 맞춤형 전도를 하기 위해서는 상대에 맞는 전략을 세우고 전도를 해야 한다.

내가 전도한 P씨를 보면 처음 방문했을 때 복음을 극도로 거부하며 적대적인 태도를 보였다. 나는 포기하지 않고 그분과의 관계의 브릿지를 만들기 위해 인내심을 가지고 노력했고, 그분을 위해 기도하기 시작했다. 그분을 둘러싸고 있는 환경을 바꾸어 달라고 하나님께 기도했다. 하나님의 권능을 덧입혀 달라고 했다. 그분께 관심을 갖고 시간을 투자했다. 기도와 사랑과 시간으로 임했다. 심은 대로 거두는 하나님의 법칙을 믿고 나아갔다.

그분의 필요와 문제를 알고 그 두 가지를 타깃으로 삼고 깊이 있는 대화가 시작됐다. 나는 그 후부터 내가 한 말대로 그분을 도왔다. 그 결과 그분은 나의 뜻에 동조하고 교회에 나오게 되었다. 맞춤형 전도를 하는 사람을 보면 과학적인 컨설팅 전도를 한다.

나는 거의 대상자에 맞는 맞춤형 전도로 복음을 제시했다. 장사하는 사람을 만나면 먼저 종교관과 필요와 문제를 알아 해결해 줌으로 만족감을 갖게 하고 예수 믿게 만드는 방법을 사용했다.

4. 가장 좋은 전도방법

전도는 우정을 맺는 데서 출발한다.

전도대상자에게 친구로 다가가서 친밀한 친구 관계를 맺는다. 그렇게 하려면 많은 시간을 같이 해야 하고 여유를 갖고 접근해야 한다.

방법으로는

① 예수님처럼 섬긴다.

② 주님의 사랑의 마음을 품고 다가간다.

③ 소통이 원활해야 한다.

④ 애경사 참석 - 감사한 마음을 갖는다.

⑤ 병문안 - 따뜻한 관계가 이루어진다.

⑥ 사랑 - 전도의 무기는 사람이 아니라 사랑이다.

⑦ 어울린다 - 여행, 골프, 등산 등 같이 하면 가까워진다.

⑧ 식사한다 - 좋은 대접, 고마움을 느끼게 한다.

⑨ 예의바른 태도 - 무시하는 태도, 비하하는 말 삼가

⑩ 자주 만난다 - 가까워지는 비결

⑪ 칭찬 - 아첨은 금물

⑫ 무엇인가를 준다 - 선물, 부담되지 않는 것을 준다.

⑬ 위로 - 외롭고 힘들 때, 고통당할 때 감사한 마음을 갖는다.

⑭ 기도 - 무엇보다도 감동을 준다.

⑮ 의형제를 삼는다 친구를 넘어선다.

🔑 **사례**

학일출판사 강충희 사장을 알게 된 지 36년이 되었다. 나는 그곳에서 저서와 역서 등 10여 권의 책을 출간하게 되었다.

그동안 나는 강 사장님과 두터운 교분을 나누며 지내왔다. 수없는 식사와 자녀 혼례에도 빠지지 않고 참석하는 두터운 사이가 되었다. 어울리기도 하고 항상 도움을 주며 지내왔다. 소통은 항상

원활하게 잘 이루어지는 관계였다. 부탁하면 들어 주는 사이였다.

서울 한신교회 도서관 개관 때의 일이다. 기증을 부탁하였더니 자기 출판사의 책 500여 권과 타 출판사 책 200권까지 흔쾌히 기증해 주고 훗날 분당한신교회 도서관에 책 기증을 부탁하였더니 300권의 책을 또 기증하였다.

사귄 지 17년쯤 되었을 무렵, 강 사장님은 분당 서현동 시범아파트에 입주하게 되었다. 내가 그에게 적극적으로 전도를 권면하여 그의 가족 모두 한신교회 성도가 되었고 현재 집사로 주일 성수를 철저히 하며 부인은 목장예배에도 모범되는 집사가 되었다.

항상 감사하다. 우정도 계속되어 종전처럼 변함없는 친구처럼 지내고 있다. 당신 주위에도 나와 같은 좋은 친구들이 있을 것이다. 그들을 방치하지 말고, 그들에게 사랑의 복음을 전하라. 늦었지만 사랑을 아낌없이 주라. 최고의 사랑은 전도하여 하나님의 자녀가 되게 하는 것이다.

5. 전도 성공의 노하우(Know-How)

전도에 성공하려면 실패하는 이유와 성공하는 법을 알아야 한다.

🔑 전도의 실패와 성공

- 전도가 실패하는 이유

- 기술로만 전도
- 경험만 가지고 전도
- 교육시키면 교인들이 다 할 수 있을 것 같지만 그것만 가지고는 실패한다.

• 전도에 성공하려면
- 호감 가는 전도인이 됨
- 적절한 질문법 사용
- 잘 들어 주는 환경을 만듦
- 잘 무는 미끼 사용
- 거절(No)을 Yes로 만듦
- 교회 나가도록 승낙받음
- 좋은 관계 형성
- 기도로 성령님의 역사와 인도받음

6. 전도 십계명

첫 번째 계명, 전도대상자를 찾는 데 게을리하지 말라.

두 번째 계명, 만나러 가기 전에 기도하라.

세 번째 계명, 방문하면 상대의 마음에 들도록 하라.

네 번째 계명, 사랑하며 섬기는 마음을 가져라.

다섯 번째 계명, 예수님, 교회, 목사님을 상대의 마음에 들도록 팔아라.

여섯 번째 계명, 상대의 필요와 욕구를 찾아 충족해 주어라.

일곱 번째 계명, 거절을 환영하라.

여덟 번째 계명, 성공으로 매듭지어라.

아홉 번째 계명, 양육하라.

열 번째 계명, 정착하도록 철저히 관리하라.

7. 당신의 교회를 6성급 교회로 만들어라

　스위스의 취리히, 제네바, 로잔에 가면 왕실 같은 고급 호텔들을 볼 수 있다. 그런데 이들 호텔에서는 건물보다도 환경, 서비스에서 감동을 받는다. 그곳을 떠나고 싶지 않다. 특별히 인상적인 것은 주위의 아름다운 환경과 종업원들의 접객이나 응대이다. 왕처럼 모신다. 왕 대접을 받는다.

당신의 교회를 이런 호텔처럼 처음 온 분들이 느낄 수 있도록 한다면 어떤 인상을 줄 것인가? 친절한 교회, 다니고 싶은 교회일 것이다.

6성급 교회를 만들기 위해서는 다음과 같은 요인이 있어야 한다.

① 하나님이 임재하시는 교회
② 목사님의 설교가 감동을 준다.
③ 성전의 아름다움과 쾌적한 환경
④ 서비스가 감동을 주는 교회(예수님처럼 모신다)
⑤ 친절이 넘치는 교회(주차 봉사, 안내인, 성도들)
⑥ 지역사회를 섬기는 교회(카페, 문화센터, 사회복지관 등)
⑦ 모든 성도들의 사랑이 넘친다.
⑧ 지역에서 칭찬을 듣는 교회
⑨ 행복이 넘치는 분위기
⑩ 식당에서 대화하며 식사하는 분위기가 행복하게 보인다.
⑪ 교회 곳곳마다 청결하다.

8. 전도의 SPEC

전도에 성공하려면 SPEC을 이용하라. 스펙은 일종의 자격증 같은 것이다.

S. Sence of direction(방향감각)

전도를 하려면 당신이 가야 할 방향을 먼저 알아야 한다. 아파트 단지로 가야 할지, 주택단지, 상가, 탄천, 버스정류장, 지하철역 등을 먼저 정해 가야 한다. 기도한 후 정하면 더욱 효과적이다.

P. Promise(약속)

성경에는 7,487가지의 약속이 있다고 한다. 구약은 예수님이 오신다는 약속, 신약은 예수님이 오실 것이라는 약속이 있다. 구원의 약속, 부활의 약속, 천국에의 약속, 병 고쳐 주겠다는 약속, 축복의 약속, 번성의 약속, 도와주겠다는 약속, 불의한 자에 대한 심판의 약속이다. 하나님의 말씀은 약속이다. 전도 시 하나님의 약속을 말해야 한다.

E. Enthusiasm(열의)

열의는 어떤 일을 이루기 위하여 온갖 정성을 다하는 마음이다. 열의는 전염된다. 전도자가 열의를 가지고 복음을 전하면 상대에게 전염이 되어 예수를 믿게 된다. 열의는 무서운 전염병과 같다. 열의를 가진 사람은 그 어떤 분야에서도 성공할 수 있다(강철왕 찰스 스왑). 그 어떤 위대한 것도 열의 없이 된 것은 하나도 없다(랄프 왈도 에머슨).

열의는 '존재에 불과한 사람'을 활기찬 인간으로 변화시키는 매력적인 불길이다. 인생에 있어 모든 잘못된 것을 고치는 만병통치약이다.

열심은 성공의 열쇠다

C. Courage(용기)

중국 후한서에 값비싼 아기 호랑이 호피를 구하려면 어미 호랑이가 있을지 모르는 호굴 속에 들어가야 한다는 말이 있다. 당신이 전도하려면 사람을 만나야 한다. 만나야 할 사람은 어려움이 따르더라도 만나야 한다. 아파트 인터폰을 누르는 용기, 사람을 만나면 말을 거는 용기, 용기 없이 전도는 없다. 두려워해야 할 이유가 없다. 나는 그를 천국 가게 한다. 하나님이 함께하신다 (사 41:10). 용기는 반복된 경험 속에서 생긴다. 용기 있는 사람처럼 하라. 그러면 용기 있는 사람이 된다.

'용기'(courage)라는 단어는 심장(coeur)을 뜻하는 프랑스어에 어원을 두고 있다고 한다. 심장이 뇌와 팔다리로 피를 보냄으로써 신체기관이 작동한다. 금(金)은 불에 의해서 시험되고 용기 있는 자는 역경에 의해서 시험된다. 용기는 역경에 있어서의 빛이다. 용기는 불운을 부셔 버린다. 용기 있는 곳에 희망이 있다.

9. 성공으로 안내하는 문

역경에 부딪쳤을 때, 당신은 무의식적으로 이 네 가지 중에서 하나를 선택할 것이다.

(1) 도피한다!
(2) 싸운다!
(3) 잊는다!
(4) 만난다!

처음의 세 가지 방법은 실패를 초래한다. 네 번째야말로 성공을 약속해 주는 해결책이다. 어떤 상황에 부딪쳤을 때 그에 대응하는 첫 단계는 우선 있는 그대로의 사실들과 만나는 것이다. 도피하고 싸우고, 잊는 것은 당신이 최선을 다할 수 있는 길이 아니다.

겸손과 소심, 소극적인 자세를 혼돈하지 말라.

당신의 어려움과 맞서라! 그것의 정체를 파악하라! 방심, 핑계, 책임 전가, 잔소리 그리고 자신을 합리화하지 말라. 그것과 직접 만나라. 대면하라. 그리고 그것을 잡아라. 그러면 당신은 성공을 차지하게 될 것이다.

10. 서커스 코끼리와 같은 전도인이 되지 마라

코끼리는 1톤의 짐을 운반할 수 있다. 당신은 서커스장에서 그렇듯 큰 피조물이 작은 나무 말뚝에 묶여 가만히 서 있는 것을 본 적이 있는가?

그러한 코끼리는 어리고 약할 때부터 움직일 수 없는 쇠말뚝에 연결된 무거운 쇠줄에 묶여 성장하였다. 코끼리가 아무리 안간힘을 쓰고 몸부림친다 하더라도 쇠줄은 끊어지지 않고 쇠말뚝도 꼼짝하지 않는다. 나중에 그 코끼리가 아무리 크고 강하게 성장하더라도, 코끼리는 옆에 있는 말뚝만 보아도 절대로 움직일 수가 없다고 믿게 되는 것이다.

우리 주위에는 서커스 코끼리와 같은 전도인이 많이 있다. 그들은 제한된 생각과 행동밖에 못하는 사람들이다. 그들은 그들이 스스로 만든 울타리에서 벗어나지 못하고 있다.

만일 당신이 그러한 사람이라면, 당신을 묶고 있는 말뚝들을 뽑아 버려라. 당신을 결박하고 있는 쇠줄을 끊어 버려라. 그리고 당신이 늘 바라는 사람이 되어라!

11. 사랑하라

루터 발뱅크는 식물을 사랑했다.
백범 김구는 민족을 사랑했다.
이중표는 예수를 사랑했다.
에디슨은 발명을 사랑했다.
포드는 자동차를 사랑했다.
라이트 형제는 비행기를 사랑했다.
당신은 무엇을 사랑하는가.

전도를 사랑해 보아라.

왜냐하면 다음의 말이 사실이기 때문이다.

사랑하라. 그러면 사랑하는 것을 얻을 수 있다.

12. 당신의 힘을 조사하라

산업 심리학자들은 인력(personal horse-power)이란 새 단어를 사용하고 있다. 전도인으로 성공하려면 인력이 강해야 한다. 이 말은 당신의 에너지, 집중력, 기억의 정확성, 건강, 그리고 좋은 버릇을 의미한다. 이러한 자질들을 잘 이용하면, 훌륭한 전도인이 될 수 있다. 그 이유는 두 가지다.

(1) 당신이 해야 할 일을 보다 집중적으로 한다.

(2) 당신이 활동하는 지역에서 인기인이 될 수 있다.

어느 산업 심리학자는 자기 자신의 잠재력을 최대로 발휘할 수 있다고 했는데 그는 그 방법을 다음과 같이 말하고 있다.

(1) 에너지를 가지고 시작한다 : 당신은 열성을 발휘하고 있는가? 당신은 침울하게 새 날을 시작하는가? 당신은 최고 속력으로

오랫동안 달릴 수 있는가?

(2) 집중력 : 집중하기가 어려운가? 새로운 일을 맡았을 때 즉시 수행하는가? 잡음이 당신을 방해하는가?

(3) 기억력 : 전화번호를 잘 기억하는가? 1주일 전 지금 이 시간에 했던 일을 기억할 수 있는가? 1분 이내에 10개 도시의 이름을 댈 수 있는가?

(4) 건강 : 당신은 감기, 몸살, 두통 등에 자주 시달리는가? 1년 중 20일 이상을 병상에서 보내는가?

(5) 버릇 : 여가 시간을 적절히 이용하는가? 충분히 잠을 자는가? 과식하는가? PC방이나 영화 감상 버릇 때문에 능률을 못 올리는가? 보다 나은 전도인이 되려면 자신의 인력을 잘 알아야 한다.

13. KASH 4원칙을 마스터하라

훌륭한 전도인이 되려면 이론 무장(Knowledge), 정신 무장(Attitude), 기술 무장(Skill), 습관화(Habit)라는 KASH 4원칙을 마스터해야 한다.

1) 제1원칙 이론 무장

KASH의 원칙 첫 번째는 지식(Knowledge)이다. 먼저 내가 전도

하고 있는 상품(예수님, 교회, 목사님의 지식)에 정통해야 한다. 상품을 잘 알지도 못하면서 전도를 한다는 것은 장전 안 된 총으로 싸움터에 나가는 것과 같다. 풍부한 상품지식은 바로 전도인의 기본인 것이다.

지식은 자신감을 낳고, 자신감은 열의를 낳고, 열의는 세계를 창조한다. 무엇보다도 먼저 예수님에 대하여, 교회에 대하여, 목사님에 대하여 이론 무장이 강조되어야 한다. 그러면 다음과 같은 힘이 생겨나게 되는 것이다.

(1) 일에 대한 애정

모든 애정은 먼저 아는 것으로부터 시작된다. 따라서 상품[하나님(예수님), 교회, 목사님]을 잘 알아야만 전도할 수 있는 것이다. 상품지식이 좋아지면 전도하지 않고서는 견딜 수 없을 만큼 정열이 생기게 되는 것이다.

(2) 피전도인(전도대상자)으로부터 받은 신뢰

상품지식이 부족하면 거절을 만든다. 때로는 뒤로 미루는 결과를 가져오기도 한다. 그러나 상품지식이 풍부하면 전도대상자로 하여금 확신을 심어주기 때문에 신뢰를 얻는다. 상대의 궁금증, 필요성 등을 논리적, 실제적으로 이해시킬 수 있는 상품지식이 필요한 것이다.

(3) 신념과 박력의 기초

지식이 풍부하면 전도에 대한 신념이 생겨나게 되고 이러한 힘이 피전도인의 거절을 극복시켜 전도를 성공으로 이끌어 나가는 원동력이 되는 것이다. 이러한 신념이 강력해지면 자기 직분에 대한 투지가 생겨난다. 동시에 전도 자체도 박력 있는 것이 되어 상대를 움직이는 힘이 강력해진다.

(4) 경쟁을 이기는 힘

상품지식이 풍부함은 경쟁이 되는 교회와의 경쟁에서 이길 수 있는 힘이 된다. 특히 오늘날과 같이 도전이 많은 경쟁 교회와의 경쟁에서 이길 수 있는 길은 강력한 전도의 힘이다.

2) 제2원칙, 정신 무장

KASH의 원칙 두 번째는 태도(Attitude)이다.

인간의 정신력은 아무도 표현할 수 없을 만큼 위대하다. 만일 인간이 자신의 사고를 올바르게 이해한다면 지상(地上)에서 불가능은 없을 것이다. 성공하는 전도인을 보면 성공하기 위해 온 정신을 쏟고 있음을 알 수 있고, 실패하는 전도인을 보면 실패하는 데 정신을 쏟고 있음을 알 수 있다.

정신무장에 있어서 무엇보다도 신념과 적극적 사고가 중요한 과제가 된다. 신념과 적극적 사고가 결국은 전도를 성공으로 이끌어 나가는 원동력이 된다. 우리 주위에서 신념이 있는 전도인을 보면 다른 전도인들이 못 해내는 일들을 거뜬히 해내는 것을 볼 수 있다.

신념은 불가능을 가능으로 만든다. 우리 주위에 강인한 행동으로 성공의 길을 달리고 있는 전도인은 모두 정신무장이 투철한 사람들이다. 전도인의 기본 자세가 강인한 정신력, 불굴의 신념에 기초되어 있다는 점은 미래 전도인의 방향을 제시하는 것으로도 볼 수 있다.

전도인의 정신적 질병을 살펴보자.

첫째로 '변명병'이라는 것이 있다. 전도가 계획대로 안 되었다든가 하였을 때 전도인이 자기 자신에게서 문제점을 찾지 않고 안 된 이유를 그럴 듯하게 합리화하는 변명을 한다. 전도가 되지 않은 면에서 해답을 찾기 위해 노력을 하는 것이 아니라 변명을 하기 위해 정신을 쏟고 고심 끝에 답을 찾아 논리정연하게 나열하는 소극적인 병든 전도인이 있다. 이 글을 읽는 이들 중에 여기에 해당하는 전도인이 있다면 변명병 환자가 되지 말고 적극적인 전도인이 되는 방법을 모색해야 한다.

둘째로 '미루는 병'이다. 많은 전도인들은 불가피한 경우를 제외하고는 큰일이 생기는 것이 아니기 때문에 미루게 된다. 미루는 병에는 내일병, 내주병, 내월병, 내년병이 있다.

오늘 5군데 방문해야겠다고 마음먹고 나간 전도인이 하다 보면 몸도 피곤하고 일도 뜻대로 안 되는 경우가 많다. 아직 방문할 곳은 2군데나 남았는데도, 일할 시간이 충분히 있음에도 오늘의 일과는 이쯤에서 끝내자고 다짐하고 나머지 방문처를 내일로 미루는 경우가 비일비재하다. 이런 전도인들이 전도실적을 올릴 수 있겠는가?

내일로 미루는 내일병을 아무렇지 않게 생각한다면 아주 나쁜 습관이 된다. 이런 경우 나쁜 인격이 형성되고 결국 그의 운명(세계)은 변변치 못한 사람이 된다. 내일, 내주, 내월 등으로 미루어 손해를 입는 전도인이 되지 말고 마음먹은 대로 그때 즉시 해치워 버리는 실천력 있는 전도인이 되라. 이것이 전도인을 성공시키는 비결이기도 하다.

셋째로 '꾸물거리는 병'이 있다. 당장 해치워야 할 중대한 일을 꾸물거리다가 늦게 행동에 옮기고 손실을 보는 경우가 있다. 어느 전도대상자와 방문 약속을 해 놓고 사정이 생겼다고 약속을 연기하는 것은 신뢰를 잃는 처사이다. 즉시 행동으로 옮기지 못해 상대에게 지장을 줄 때 결국 자기에게 커다란 손실이 되는 것이다.

유명 메이커에서 구입한 세탁기가 고장이 나서 수리를 요청했을 때 AS(After Service) 쪽에서 즉시 지키지 않고 늦게야 고객의 집을 방문했다면 고객은 이 AS맨에 대해 호감을 갖겠는가 아니면 불쾌감을 갖겠는가? 그 사실은 너무나도 명백하다.

빠른 행동으로 손실을 예방하라. 우리는 또한 어떤 문제를 해결할 좋은 아이디어를 가지고도 늦게 행동에 옮겨 아무런 도움이 안 되는 경우가 있다. 좀 심한 비유이지만 몸이 이상해 즉시 병원에 가야 할 사람이 늦게 병원에 갔기 때문에 귀중한 생명을 잃은 적도 있고, 결혼 적령기에 있는 처녀가 혼기를 놓쳐 후처로 가는 일 등도 뒤늦은 감각이라고 할 수 있다. 이처럼 꾸물거리는 것은 비극을 몰고 온다. 즉시 행동해서 만족을 얻기 위해 필사적으로 노력해야 한다.

넷째로 '자기와의 약속을 잘 지키지 않는 병'이다. 자기와의 약속은 성공을 낳는다. 성공하는 전도인들을 보면 비장한 결심을 갖고 있음을 발견할 수 있다.

나는 과거 세일즈맨 시절에 집을 나설 때면 나 자신에게 약속을 했다. 하루 목표를 달성하지 못하면 집에 들어오지 않겠다고 약속을 하고 세일즈를 했다.

이런 경우라면 필히 약속한 대로 목표를 달성하게 된다. 하지만 약속을 지키지 못했을 경우 반드시 약속대로 집에 들어가지 않고 공원의 벤치나 고생스러운 곳에서 하루를 보내야만 한다. 이것은 세일즈맨들의 정신력을 연마하는 데도 좋은 방법이지만 전도인에게도 참고가 된다.

무엇보다도 중요한 것은 자기와의 싸움에서 승리자가 되고 좋은 습관을 기르는 데 보다 가치가 있다고 할 수 있다.

자기와의 약속을 하고 전도에 임하면 잠재능력의 발휘로 좋은 실적을 올릴 수 있다. 전도에 성공하려면 자기와의 약속을 매일 아침 출근 전에 해놓고 활동하라. 그리고 자기와의 약속은 목숨을 걸고 지켜야 한다는 정신을 가져야 한다.

다섯째로 남에게 탓을 돌리는 병이다. 많은 전도인들이 전도가 잘 안 되거나 전도실적이 부진한 원인을 자기 잘못보다는 전도대상자들의 문제로 보고, 이야기하는 경우가 있다. "하나님 믿으면 천국 가고 땅에서도 문제가 풀리고, 말씀마다 은혜를 받는데 말이야 참 무식해. 형편없는 사람이야." 이런 일들은 전도인이 범하는 실수라고 생각해야 한다. 전도가 안 될 경우 거의 전도인에게 문제가 있는 것이다.

오래 전에 오스카 와일드는 완전 실패작인 어느 각본에 대해 이렇게 평했다. "각본은 대성공이었으나 형편없는 관중들 때문에 연극이 실패하고 말았다." 전도인도 이와 똑같은 실수를 범할 수 있다. "나의 잘못은 없는데 형편없는 상대 때문에 실패했다"는 말을 생각해 보자. 엄밀히 따져보면 실패는 당신 자신 때문이라는 것을 알 수 있다.

전도에 실패했을 때 그 원인을 분석하라. 냉정하게 자신의 행동을 추적하면 그 원인을 쉽게 발견할 수 있을 것이다. 일단 당신이 그 원인을 발견했다면 다시는 그와 똑같은 실수를 범하지 않도록 하라. 이런 식으로 자신의 실수와 잘못을 하나하나 개선해 나간다면 당신은 당신이 원하는 전도인이 될 수 있다. 그러나 한 가지 명심해야 할 사실은 언제나 실패를 했을 때 그 탓을 남에게 돌리지 않고 자신의 잘못으로 간주한 후 하나하나 타개해 나가는 것이다.

3) 제3원칙, 기술 무장

KASH의 세 번째는 기술(Skill)이다. 'Skill'인 기술 무장은 전도에서 없어서는 안 될 요소 중 하나이다. 전도인의 업적은 전도 기술과 방문 횟수에 정비례하는 것이다. 습관은 기교를 낳지만 기술은 업적을 낳는다. 전도기술 향상의 포인트를 열거해 보면 다음과 같다.

(1) 관찰(觀察)

남이 하는 것을 예민하게 관찰한다. 그것이 전도기술 향상의 포인트가 되는 것이다. 잘하는 것을 보고 배우기도 하지만 못하는 것을 보고도 교훈으로 삼는다. 처음에는 무조건 모방하는 것이다. 모방은 창조의 어머니이기도 하다. 기술 무장은 전도의 길을 열어주는 원동력이 된다. 모방으로부터 모든 위대한 기술이 쌓아질 수 있는 것이다. 화법, 응대, 거절 처리 등을 골고루 익히자.

(2) 반복(反復)

반복하고 또 반복되는 동안에 습관화되고 조건반사(條件反射)가 이루어지는 것이다. 끈기 있게 1백 번이고 2백 번이고 반복하는 동안에 자동적으로 행동할 수 있는 경지에 도달하게 되는 것이다. 반복은 우주의 음악이라고도 한다. 그 위력을 활용해야 한다.

(3) 열의(熱意)

열의는 기술 습득의 촉진제이다. 열의를 다해서 노력하는 동안에 전도기술은 놀랄 만큼 진보하는 것이다. 내가 불타지 않고서는 남을 불태우지 못한다. 하나의 전도에도 나의 열의를 다하는 태도야말로 성공의 포인트가 된다.

4) 제4원칙 습관화

KASH의 원칙 네 번째는 모든 기본무장을 습관화(Habit)하는 것이다.

인간은 '습성의 동물'이라고 한다. 모든 작업에도 습관화가 이루어지면 시간과 비용을 단축시킬 수 있다. 즉 습관화가 이루어지면 의지의 힘을 빌리지 않고서도 자동적으로 수행할 수 있는 위력을 발휘하게 된다. 무엇이든지 습관화만 되면 그것이 큰 힘이 된다는 사실을 우리는 주목해야 한다.

전도인이 습관화해야 할 사항 중 가장 중요한 것을 보면 다음과 같다.

① 효과적인 전도 활동을 하기 위해 전날 밤에 세밀한 계획을 세워두도록 한다.

② 일단 세운 계획은 반드시 실행에 옮긴다.

③ 미리 세운 계획에 구속되어 그대로 행동하는 습관을 길러 나간다.

하루 일과가 끝나면 반드시 반성해 보고 잘된 점은 계속 활용하도록 하고 잘못된 점은 그 원인을 검토하고 연구하여 개선시켜 나간다. 이러한 습관이 근성이 되었을 때 커다란 힘을 발휘하게 되는 것이다.

04
전도인의 성공전략

- 그만두어야 할 때가 시작할 때이다. 전도는 거절당한 때부터 시작한다.
- 영국의 문호이며 극작가인 셰익스피어는 "아무리 단단한 대리석이라도 계속적으로 떨어지는 물방울에 의해 구멍이 뚫린다" 라고 했다.
- 좋은 습관은 성공을 만들어 주는 원천이고 나쁜 습관은 실패를 갖다주는 원천이다.
- 나를 정복해야 남을 정복한다.

IV. 전도인의 성공전략

1. 전도에 미쳐라

당신이 전도를 잘하고 싶고, 좋은 실적을 올리려면 전도에 미쳐야 한다. 미치면 열정이 샘솟아 많은 사람을 만나게 되고 그들에게 열심히 복음을 선포하게 된다.

나는 요즘도 전도에 미쳐 전도왕을 5년 연속하였지만 20년 전의 일을 돌이켜 보면 그 당시에 나는 한국에서 제일 잘나가는 강사였다. 하루에 2~5개의 기업에 강의를 나갈 정도로 인기가 대단했다. 그 당시 1년간 나는 전도에 미쳐 강의 끝날 시간에 복음을 전했다. 성령 충만했다. 교육자 중 불교 믿는 사람들의 항의도 있었지만 막무가내로 복음을 선포했다. 성령께서 시킴을 알 수 있었다.

교육생 중에서는 나를 통해 마케팅과 세일즈 기법을 배우기 위해 교회에 나오게 된 분이 많다. 그들 중에서 예수 믿는 사람이 적지 않았다. 그중에서 나중에 목사와 장로가 된 사람도 있고 나를 찾아 분당한신교회에 나온 류제강 집사도 있다. 나는 그 당시 일 년에 60명을 전도했다.

미침은 열정을 낳고, 열정은 성공을 낳는다. 전도에 미쳐 보자.

하나님의 극진한 사랑을 받아 보자. 훗날 금면류관을 쓰고 주님을 상면하게 될 것이다.

2. 물고기 잡는 식의 전도 : 전도는 물고기를 잡는 것과 같다

첫째, 물고기를 잡기 위해서는 먼저 물고기가 노는 길목을 찾아야 한다.

둘째, 물고기들이 좋아하는 미끼를 준비해야 한다.

 미끼가 전도 성공의 비결

- 전도대상자(피전도인)들이 좋아하는 미끼는?

① 하나님은 당신의 기도를 들어 주신다.

② 하나님이 당신을 지켜 주신다.

③ 하나님은 당신 삶의 주관자이시다.

④ 하나님은 당신과 동행하신다.

⑤ 하나님은 당신 사업장의 경영자이시므로 당신 사업이 잘되게 하신다.

⑥ 예수님은 당신의 생명이요, 힘이요, 소망이요, 축복이다.

⑦ 너와 네 가정이 구원을 받는다.

⑧ 나를 믿는 자는 죽어도 영원히 사는 세상, 천국을 주신다.

⑨ 하나님이 당신 가정을 형통하게 만들어 주신다.

⑩ 하나님이 당신을 인도하시고 주관하셔서 삶의 가치를 높여 주신다.

⑪ 주님(예수님)이 십자가에서 당신을 대신해 죽어 주셨다.

⑫ 주님은 길이요, 진리요, 생명이라. 나의 생명을 살리셨고 나의 삶을 인도하시고 은혜와 행복 속에서 살게 하신다.

⑬ 우리 교회는 소금과 빛 역할을 하는 교회이다.

⑭ 이웃과 나눔을 하는 사랑이 많은 교회

⑮ 아름다운 사회를 이끄는 교회

⑯ 친절과 사랑으로 감동을 주는 교회

⑰ 지역사회의 섬김을 위해 문화센터, 카페, 서점을 운영하는 교회

⑱ 지역사회 노인들의 복지를 위해 시니어 대학 운영

전도인 개인의 힘을 통해 피전도인의 문제 해결, 장사 잘됨 등은 미끼가 된다. 미끼는 하나님, 교회, 자신의 경험을 통해 만들어 사용하면 좋다.

위에 서술한 미끼들을 그렇게 하며 만들었다. 고기에 따라 미끼들이 다르듯이 전도대상자에 따라 미끼가 달라야 한다. 성공한 경험을 통해서 미끼를 찾는다. 잘 물었던 미끼들이 전도를 잘되게 만든다.

나는 CTS TV에 서울대 의대 주임교수와 동료 7명이 함께 출연해서 간증한 이야기를 미끼로 많이 쓴다. 주임교수는 평생 가장 고마우신 분이 자기를 전도하여 하나님 앞으로 인도하신 분이라고 했고, 함께 출연한 7명의 후배 및 제자들도 자신들을 하나님 앞으로 인도한 분이 주임교수라고 했다. 한국의 석학 이어령 교수는 불교에 대한 열정을 청산하고 하나님을 만남으로 삶의 참 가치를 알게 되었고 행복 속에서 살고 있다고 했다.

셋째, 물고기가 낚시 바늘의 먹이를 물을 때까지 인내하며 기다려야 한다.

넷째, 물고기를 잡으려면 타이밍에 맞춰 들어 올려야 한다. 찌의 움직임을 보고 들어 올려야 되는데, 너무 빨리 들어 올리면 물고기가 놀라 도망가고 늦게 들어 올리면 먹이만 먹고 가 버리고 만다.

전도도 마찬가지다. 전도인들이 방문시간대(타이밍)가 안 좋아서 나와야 되고, 때론 나쁜 인상을 주기도 한다. 방문하기 좋은 시간대는 일반적으로 오전 10시~11시 20분, 오후 2시 30분~5시까지이며 점심 무렵은 안 좋다. 점심이나 저녁에 상담일 때는 다르다. 또한 상대(피전도인)가 시간 약속을 한다면 예외다. 또한 타이밍을 놓치면 상대가 다른 교회로 가거나 타 종교를 믿을 수도 있다.

3. 가장 바람직한 전도인

가장 바람직한 전도인이란?

(1) 기도하는 전도인

(2) 영적으로 무장된 전도인

(3) 몸으로 삶으로 실천하는 전도인

(4) 도덕적으로 인격을 갖춘 전도인

(5) 예수님의 성품을 닮은 전도인

예수님은 누구나 존중하고 친절히 대하셨다. 자세한 부분까지도 관심을 갖고 자비를 베푸셨다.

(6) 친절한 전도인

그리스도인은 친절하다는 인상을 주어야 한다. 그러기 위해 작은 일도 도와주고 불편하지 않도록 상대를 배려하여야 한다. 전도를 잘하는 사람은 모두 친절하다.

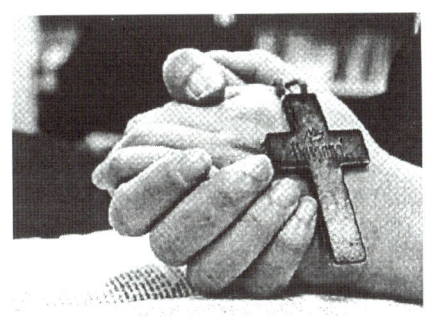

(7) 전인적인 전도인

全人(Whole person)이란 知(지), 情(정), 意(의)를 모두 갖춘 사람, 완벽한 사람, 완전히 조화된 원만한 인격자를 말한다. 즉 위의 (1)~(6)을 지닌 전도인을 말한다. 지식·지성·인격·교양을 갖춘 사람, 큰 뜻을 품고 큰 마음·큰 생각을 지닌 사람,

지적 · 사회적 · 정서적 · 신체적 · 영적으로 균형 잡힌 사람.

(8) 상대방의 입장에서 전도하는 사람

상대를 긍휼히 여기는 마음을 갖고 상대의 영적 문제를 해결해 주도록 노력하는 사람.

4. ABC 전도법

Attack(공격하라) - 전도대상자를 공격하라(만나다).

Believe(믿어라) - 할 수 있다, 하면 된다고 믿어라.

Challenge(도전) - 전도대상자를 향한 도전

Drive(추진하라) - 계획한 것을 추진하라.

Enthusiasm(열정) - 열정 없이 성공을 기대할 수 없다.

Find(찾아라) - 가망 전도대상자를 찾아라.

Give(주라) - 사랑을 주고, 작은 선물을 주라.

Hope(희망) - 희망을 품고 나아가라.

Image(이미지) - 좋은 이미지를 팔아라(예수님, 교회, 목사님, 자신)

Joy(기쁨) - 예수님처럼 기쁨을 가지고 전도하라.

Kindness(친절) - 최고의 서비스

Love(사랑) - 전도는 사랑이 한다.

Motivation(동기부여) - 의욕을 고취시켜서 전도를 열심히 하도록 하는 원동력.

Needs(필요) – 전도대상자의 필요를 파악해 충족하라.

Overcome(정복) – 나를 정복해야 남을 정복한다.

Persistence(끈기) – 불가능하게 보이는 난제들을 극복하는 수완

Question(질문) – 전도의 무기. 질문법 사용은 전도를 성공으로 만든다.

Relation(관계) – 좋은 인간관계는 성공의 비결이다.

Skill(기술) – Servant(섬김), Sizzle(시즐), Sincerity(성실), Smile(미소)로 전도기술의 중요 요소이다.

Trust(신뢰성) – 언행일치, 약속을 지키는 전도인

Understanding(알다) – 시장, 예수님, 교회, 목사, 전도대상자 등을 알다.

Voice(음성) – 상대의 귀에 들리기 좋은 음성

Word(말) – 복음을 잘 파는 전도인이 되기 위해서는 전도대상자가 미치도록 하는 어휘를 사용해야 한다.

X-ray(투시하다) – 전도대상자의 마음을 꿰뚫어라.

Yield(산출하다) – 전도의 숫자를 늘리도록 만들어라.

Zero in(명중시켜라) – 사냥꾼이 멧돼지의 심장이 아닌 꼬리를 맞추었다면 잡을 수 있겠는가? 전도대상자로 하여금 예수를 믿게 하려면 그의 욕구를 알아 충족시켜야 한다. 이것이 과녁을 명중시키는 것이다.

5. 동기부여(Motivation)

동기부여는 성공인으로 하여금 의욕을 고취시켜서 일을 열심히 하도록 하는 원동력이 되는 것이다. 대부분 사람들은 동기의 불씨를 가지고 있다. 불씨의 이용에 따라 성공 여부가 달려 있음을 알고 동기부여가 잘되도록 해야 한다.

동기부여가 잘되는 사람은 성공한다. 동기부여는 성공의 중요한 요소이다.

칭찬과 격려 등은 외부에 있는 좋은 동기요소이고, 성장은 내부에 있는 100배 더 강력한 동기요소이다. 성장의 욕구를 동기의 엔진이라고 한다면 칭찬과 격려는 방아쇠라고 말할 수 있다.

역경과 비전은 모두 사람을 성장시키지만 역경은 힘들고 비전은 힘이 들지 않는다.

동기부여의 힘

어느 교회 담임목사가 1년에 100명 이상을 전도시키면 성지순례를 보내주겠다고 했다면 그 과제는 엄청 힘든 과제이다. 그러나 스스로가 결심하고 동기부여가 된다면 그것은 그때부터 즐거운 게임이 된다.

당나귀에게 있어 당근은 동기부여이다. 당근을 먹기 위해 당나귀는 열심히 달린다. 학교에서 좋은 성적을 올리기 위해 열심히 공부한다던가 회사에서 윗사람으로부터 인정받기 위해 열심히 일한다면 동기부여가 된 것이다. 동기부여는 성공의 요소이다.

내가 젊은 시절 일했던 250년의 역사를 가진 세계적인 회사가 있었다. 이 회사는 모든 직원들에게 다양한 동기부여의 묘수로 큰 성장을 이루었다. 동기부여는 사람을 움직이는 큰 힘을 가지고 있다.

전도인에게 전도를 하게 만들려면 전도를 하게 만드는 동기요소를 찾아야 하고 그것에 동기부여를 시켜야 좋은 성과를 낳는다.

전도인이 좋은 성과를 낳는 공식을 살펴보면 "$P = A \times M$"이다.

여기에서 P는 성과(Performance)이고, A는 능력(Ability)이고, M은 동기부여(Motivation)이다. 동기부여가 이루어지면 자세가 바뀌고, 적극적 자세가 발동된다. 이것이 결국에 성공을 이루어 낸다.

6. 톡톡 튀는 명함 활용법

명함은 전도의 무기이다. 사람을 처음 만나면 명함을 준다. 평범한 명함보다는 톡톡 튀는 명함을 사용하여 전도대상자의 주목을 끌어야 하고, 상대의 마음 문을 여는 열쇠 역할을 하고 오래도록 기억에 남는 명함이면 효과가 더욱 크다. 명함은 전도인의 얼굴이기도 하므로 차별화가 되어 있으면 효과적이다.

일본 혼다 자동차 세일즈맨이 독특한 명함 활용법으로 톱 세일즈맨이 된 일화는 유명하다. 명함 상단에 숫자가 기록되어 있어 명함을 받는 사람들이 거의 다 숫자에 호기심을 가지고 무슨 의미가 있느냐고 묻는다. 죽을 때까지 먹는 밥그릇 숫자라고 세일즈맨이 답하자 상대는 파안대소(큰소리로 껄껄 웃다) 하였다. 상대의 마음 문이 그 숫자로 열리고 만 것이다.

당신도 이런 방법을 시도하면 어떨지? 100세를 기준으로 현재 나이를 뺀 숫자에다 365일을 곱해서 나온 숫자를 표기해 하늘나라에 갈 때까지의 숫자로 답한다. 숫자 아래에 예수님과 함께 찍은 사진을 넣고, 뒷면에는 예수 믿게 하는 성경 문구를 넣어서 전도지 역할을 하도록 한다.

🔑 **뒷면에 넣을 성구 참조**

"이는 그를 믿는 자마다 멸망하지 않고 영생을 얻게 하려 하심이라"(요

3:16).

"주 예수를 믿으라 그리하면 너와 네 집이 구원을 받으리라"(행 16:31).

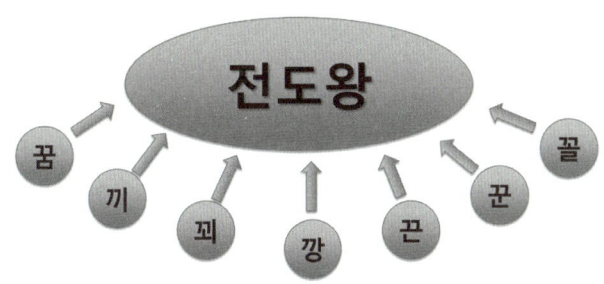

7. "ㄲ"식 전도왕 전도법

⑴ 꿈 – 꿈을 꾸어라. 꿈을 꾸지 않고는 정상에 오르지 못한다. 전도왕의 꿈을 꾸고 도전하라. 나는 판매왕이 되겠다는 꿈을 꾸고 노력한 결과 세계 제일의 판매왕이 되었고 전도왕의 꿈을 꾸고 5년 연속 전도왕이 되었다.

⑵ 끼 – 끼는 열정이다. 열정 없이는 성공을 이루지 못한다. 전도왕은 열정이 만든다. 전도에 미쳐 열정을 쏟아라.

⑶ 꾀 – 전도에서 중요한 것은 전략이다. 꾀는 전략이다. 문을 열게 하는 전략, 주목을 끌고 마음의 문을 열게 하는 전략. 전도를 잘하기 위해 전략가가 되어라.

(4) 깡 – 평범한 사람은 전도왕이 될 수 없다. 전도왕은 비범한 사람이다. 깡 있는 사람이다. 깡 있는 사람은 끈질긴 사람이요, 7전 8기의 사람이요, 와신상담의 정신을 가진 사람이다.

(5) 끈 – 끈은 인맥과 관계이다. 성공하는 사람은 인맥과 관계를 잘 활용한다.

(6) 꾼 – 장사꾼, 노름꾼이라는 말이 있다. 여기서 꾼은 프로를 말한다. 전도왕을 꿈꾸는 전도인은 프로가 되어야 한다. 프로는 전문가이다.

(7) 꼴 – 꼴은 형상이다. 여기서 형상은 꿈꾸었던 전도왕을 뜻한다.

8. 전도는 쉽다

전도 활동을 하다 보면 쉽게 전도가 되는 경우가 많다. 이는 다른 지역에서 신앙생활을 하다 이사를 와 교회를 물색 중인 경우, 신앙생활을 하다가 당분간 쉬고 있는 경우, 또한 오래 전에 전도 받아 이제는 교회에 가야겠다는 마음을 품고 있거나, 과거 전도자로 하여금 복음이 많이 들어가 교회의 필요성을 느끼는 사람, 사업과 질병으로 위기에 처한 사람, 장례식장에서 친지의 죽음을 보고 예수를 믿어야겠다는 생각을 가지고 있는 사람, 예수 믿는 사람들의 삶의 모습을 보고 신앙을 가져야겠다고 생각하는 사람……. 이런 사람들은 이미 준비된 사람들이다. 바로 잘 익은 열매를 말한다.

전도인이 전도 활동을 하다 보면 설익은 열매를 보기도 하나, 잘 익은 열매를 만나기도 한다. 그러므로 전도인은 잘 익은 열매를 보는 영안이 필요하다. 이는 수확할 때가 된 열매이다. 이런 사람들을 우리가 찾아내기란 쉽지 않다. 그러나 우리 주변에는 이런 사람들이 널려 있다. 다만 우리가 알지 못할 뿐이다. 부지런한 전도인은 이런 사람을 만나게 된다.

🗝️ **사례**

내가 만난 전도대상자는 전도보다는 인도만 하면 되는 것이다. 판교의 로데오 거리라고 불리는 곳에 메리어트 호텔이 있고 그

앞에 포시즌 안경원이 있다. 나는 1년 전 그곳에서 사장 부부를 만났다. 그들은 부산에서 살다가 판교로 이사 와 안경원을 차리고, 교회를 정하려고 3개 교회를 다녔다.

처음 간 교회는 전에 다녔던 부산수영로교회의 소개를 받은 야탑의 C교회, 두 번째는 아들이 다니는 분당에서 유명한 B · W교회, 세 번째는 내가 다니는 분당한신교회였다.

이런 분은 아주 잘 익은 교인이다. 전도가 필요없다. 어느 교회든지 바로 나갈 교인이다. 나는 그들에게 세 교회의 특징을 이야기하였다. 또한 우리 교회 자랑을 하였다. 목사님에 대해서 더 많이 자랑했다. 사장 부부도 당일 예배를 드리기 위해 들른 우리 교회에 호감을 갖고 있었다. 특히 설교가 마음에 들었다고 했다.

나는 그분들에게 추가로 미끼 하나를 던졌다. 그것이 교회 선택을 좌우하지는 않았겠지만 선택하는 데 요인은 되었을 것이다. 미끼로 교회와 나를 팔았다. 그들 사업에 도움을 준다는 말이 그것이다.

9. 자신의 한계를 한정시켜 버리지 말라

《정상에서 만납시다》의 저자로 유명한 성공 연구가인 지그 지글러는 벼룩 훈련법을 연구해 낸 사람이다. 벼룩은 땅바닥에서 천장까지 뛸 수 있는 놀라운 점프력의 천재이다.

그 벼룩을 병에 담아 뚜껑을 덮어 놓고 병 안을 살펴보니, 그 안에서 한참을 뛰던 벼룩이 기껏 뛰어 봐야 그의 한계가 병뚜껑인 것을 느끼게 된다. '아, 내 능력은 병뚜껑이로구나' 하고 스스로 자기 한계를 한정시켜 버리고 만다. 그때 병뚜껑을 열어 놓는다. 이때야말로 천장까지 뛸 수 있는 절호의 기회임에도 불구하고 '아, 내가 뛰어봐야 병뚜껑이야!' 하고 뛰는 것을 포기하는 것이다. 자기 스스로 하지 못한다고 말해 버린다. 하면 되는데, 하면 뛸 수 있는데도 자기가 자기를 의식화시키고 있는 것이다.

불행히도 이렇게 훈련된 벼룩과 같은 전도인들이 허다하다. 능력이 역부족이어서 전도를 많이 못 하는 것이 아니라 자신의 능력을 한정시켜 버리기 때문이다.

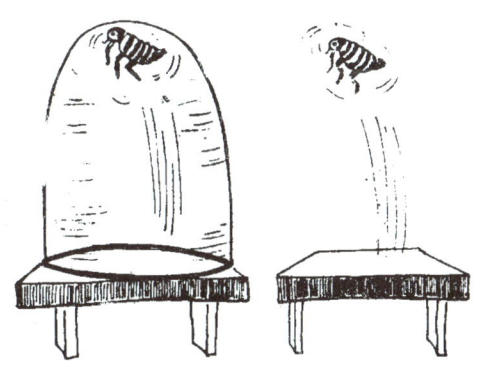

훈련된 벼룩

당신은 이런 전도인이 되지 말아야 한다. 자기 자신에 대한 고정관념에서 벗어나라. 당신의 시야를 넓혀라. 당신의 지평선을 확장하라. 당신을 얽매고 있는 구속에서 벗어나라.

10. 그만두어야 할 때가 시작할 때이다

R.U. 다비와 그의 숙부에 대한 이야기는 유명하다.

그들은 골드러시 시절에 일확천금의 꿈을 안고 서부로 갔다. 그곳에 도착한 그들은 말뚝을 박고 삽과 곡괭이로 작업을 시작했다. 다비는 조용히 광맥을 덮어두고 그의 집 메릴랜드 주 윌리엄버그로 와서 친척과 이웃에게 금광이 발견된 것을 알리고 모두 재산을 팔아 애리조나 주로 갈 것을 권했다. 그들은 모두 기뻐하며 자기들의 재산을 모두 팔아 금광 채굴기를 사가지고 1주일 후에 애리조나 주로 왔다. 그들은 금광을 파내려 갔다. 양질의 금이 채굴되었다. 그들은 무지갯빛 영롱한 꿈을 안고 계속 파내려 갔다. 애리조나 주에서도 가장 우수한 양질의 금이 채굴되었다.

그러나 얼마 후에 이변이 일어났다. 광맥이 갑자기 사라진 것이다. 무지갯빛 꿈은 무산되고 말았다. 사람들은 계속 파 보았지만 광맥을 찾을 수가 없었다. 모든 것은 수포로 돌아갔다. 그들은 모든 기계장비를 불과 수백 불에 고물상에 팔아버리고 고향으로 돌아오고 말았다.

한편 고물상 주인이 광산기사를 데려다 재조사를 해 보니 광부들이 단층선에 대한 지식이 없었다는 것을 알았다. 고물상 주인은 계속 파기 시작하였다. 이때 기적과 같은 일이 일어났다. R.U. 다비가 곡괭이를 내던진 바로 그 자리에서 1미터를 더 팠을 때 노다지 금광이 발견된 것이었다. 그래서 수백만 달러를 벌게 되었다.

그리고 이 소식을 들은 R.U. 다비는 "No할 때 On하시오(그만두어야 할 때가 시작할 때다)"라는 유명한 말을 남겼다. 이후 R.U. 다비는 생명보험회사에 세일즈맨으로 입사하여 이 말을 늘 기억하며 찰거머리 같은 끈기를 가지고 일한 결과 연간 100만 불 이상을 버는 미국 제일의 세일즈맨이 되었다.

《적극적 사고》의 저자인 노먼 V. 필 박사는 그의 저서에서 "No라는 말은 실패·패배·연기를 의미하고, On이라는 말은 끈기와 성공을 의미한다"고 말했다. 또한 세일즈의 귀신으로 불리는 엘머 G. 레터맨은 "판매는 거절당한 때부터 시작한다"고 했다.

전도인도 전도대상자로부터 필요없다, 시간 없다, 불교를 믿는다 등의 거절과 반대가 나올 때 'No라는 말을 On'으로 바꿔 멈추지 말고 끈기 있게 나가 성공하라.

양과 돼지의 차이는 이렇다. 양은 진창에 빠지면 빠져 나오려고 발버둥을 친다. 그러나 돼지는 거기에 드러누워 뒹군다. 성공자는 실패에서 빠져 나온다. 실패자는 실패 속에서 빠져 나오지 못한다.

11. 자신의 전진을 막지 말라

성공동기연구소의 대표이며 성공 연구가인 폴 마이어는 금붕어에 대한 연구를 했다.

보이지 않는 장벽

어항의 한쪽에는 금붕어를 넣고 다른 한쪽에는 굶주린 메기를 집어넣는다. 그리고 가운데에 유리벽을 세운다. 굶주린 메기가 금붕어를 잡아먹기 위해서 쏜살같이 달려오다가는 유리벽에 부딪혀 아픔을 느끼게 된다. 계속 몇 번을 시도하다가 '아, 나는 금붕어를 먹을 수가 없구나' 하고 자기가 자기를 의식화시켜 버린다. 그때 그 유리벽을 들어낸다. 이제야말로 금붕어를 잡아먹을 수 있는 절호의 기회임에도 불구하고 메기는 쏜살같이 금붕어를 향해 달리다가 중간쯤에서 휙 돌아서 달아나 버리고 만다. 아직도 그곳에 유리벽이 남아 있다고 생각했기 때문이었다.

수많은 전도인들이 그렇게 하고 있다. 그들은 장벽이 있는 곳까지 전진한다. 그리고 장벽이 있던 곳에서 중지한다. 왜냐하면 그들은 아직도 장벽이 그곳에 있다고 생각하기 때문이다. 그러한 사고방식이 자신의 전진을 막는다는 점을 명심하라.

12. 전도인은 태어나는 것이 아니라 만들어진다

45년 전 내가 판매계에 입문한 지 한 달쯤 될 무렵 회사를 그만둘 생각을 했다. 그 이유는 판매 부진이었다. 다른 세일즈맨들은 잘 파는데 나는 그러하지 못했다.

부진의 원인을 분석해 보려고 했다. 그 원인이 회사나 상품에 있는 것이 아니라 나 자신에게 있음을 알았다. 그것을 구체적으로 나열해 보았다.

첫째, 살 만한 사람(가망 고객)을 만나지 않고 있었다.

둘째, 상품에 대한 설명이 신통치 않았다.

셋째, 판매기술(세일즈 테크닉)이 좋지 않았다.

원인을 안 나는 일단 그만둘 생각을 버리고 위의 3가지 취약점들을 개선, 보강시켜 2개월 동안 열심히 해 보고, 그래도 좋지 않을 경우 그때 가서 그만두기로 하고 일을 시작했다.

당시 나의 실력은 25명을 만나야 1명에게 팔 수 있을 정도였다. 성공률은 4%였다. 그러나 노력한 지 2개월이 지났을 때의 성공률은 눈부시게 향상되었다. 성공률은 10명을 만나면 1명에게 팔 수 있는 1할대였다. 이 정도면 잘 파는 것이었다.

그러나 나는 여기에서 만족하지 않고 더 열심히 노력하여 3할대의 프로 세일즈맨이 되었다. 그 이후 입사 1년이 되던 해에는 5할대의 세계 제일의 세일즈맨이 되었다. 훌륭한 세일즈맨은 태어나는 것이 아니라 만들어짐을 알았다.

전도도 마찬가지다. 전도인이 전도를 못 하거나 잘 못 하는 이유는 예수님이나 교회에 있는 것이 아니라 자신에게 있음을 명심하라.

왜 잘 못 하는가?

① 만나는 사람에게 전도를 권면하지 않는다.

② 적절한 질문법을 사용하지 않는다.

③ 좋은 이미지를 주지 못하고 나쁜 이미지를 준다.

④ 사랑함으로 섬기는 태도가 부족하다.

⑤ 교회 안 나간다고 거절하면 그만두고 만다.

이런 이유들이 잘 못 하는 이유이다. 개선, 개선하며 해 보아라. 그러면 된다. 훌륭한 전도인은 태어나는 것이 아니라 만들어진다.

13. 의지력과 상상력을 부합시켜라

의지력은 성공의 한 조건이다.

당신은 고등학교나 대학 시절, 군대 시절에 의지력을 발휘했던 경험을 가지고 있을 것이다. 의지력을 가지고 실천하면 성공은 달성될 수 있다. 그러나 그것은 어렵고 귀찮은 경우가 많다.

또한 당신은 하나님으로부터 상상력의 특성을 부여받았다. 그러나 그것을 잘 조종하지 않는다면 하나의 무서운 핸디캡으로 작용할 수도 있다.

상상력을 잘 조정하고 그에 맞는 연료를 공급한다면 상상 외로 당신은 크게 성공할 수 있다. 의지력과 상상력이 부합될 때 당신은 최선을 다할 수 있다. 당신의 상상력과 의지력이 서로 분쟁하면 항상 상상력이 승리하게 된다.

이와 같은 상황이 어떻게 작용하는지 살펴보자. 당신 앞의 마룻바닥에 20cm(폭)×70cm(길이)짜리 판자가 놓여 있다고 상상해 보라. 그 판자 위로 걸으라고 말한다면 아무런 불안이 없을 것이다. 당신의 상상력과 의지력이 부합하기 때문이다.

이제 그와 똑같은 판자를 40층짜리 건물과 건물 사이에 걸쳤다면, 당신의 발이 판자에 닿자마자 당신의 상상력과 의지력은 갈팡질팡하게 될 것이다. 당신은 끔찍한 상상을 하게 되어 40층짜리 건물 위에서 떨어지면 몸이 온전하지 못하리라는 공포로 두려움에 떨 것이다.

당신은 모든 의지력을 다 발휘할 수 있다. 그러나 당신은 그 판자 위로 올라가지 않을 것이다. 왜냐하면 당신의 상상력이 의지력을 능가했기 때문이다. 강심장을 가진 사람은 빌딩 꼭대기에 놓인 판자 위를 걸을 수 있다. 상상력과 의지력이 부합되었기 때문이다.

당신이 훌륭한 전도인이 되고 좋은 전도실적을 올리려면 의지력만 가지고는 부족하다. 상상력을 개발시켜야 한다. 상상력을 조종하고 힘을 가동시켜 전도를 성공시켜야 한다.

14. 당신의 능력을 전도에 투입하라

실제로 우리는 갖고 있는 능력의 극히 일부분만을 사용하고 있다. 인간의 가능성에 관해 연구하는 여러 과학자들은 인간 능력의 90% 가량이 동면(冬眠) 상태에 있고 미개발 상태에 놓여 있다고 지적하고 있다. 몇몇 전문가들은 우리의 재능과 능력의 95%를 사용하지 못하고 있다고 말한다.

우리 대부분은 우리가 얼마나 많은 재능을 소유하고 있는지 전혀 모르고 있다. 그러나 우리가 실제적인 가능성의 보고를 잠깐 들여다볼 수만 있다면 우리가 해낼 수 있는 일들의 가능성에 대해 무척 놀라게 될 것이다. 성경에는 인간의 재능 활용에 대한 좋은 예가 실려 있다.

'달란트'는 고대의 화폐단위였다. 거대한 영지를 가진 부유한 주인이 세 사람의 하인에게 자기 재산의 얼마씩을 나누어 주기로 했다. 첫 번째 하인에게 주인은 5달란트를 두 번째 하인에게는 2달란트를 주었다. 그리고 세 번째 하인에게는 1달란트를 주었다.

　주인은 하인들에게 그들이 받은 돈을 소중히 간직하고 최대한으로 이용하라고 말했다. 그는 1년 뒤에 그 돈을 가지고 무엇을 했는가를 묻겠노라고 덧붙였다.

　첫 번째 하인은 그 돈을 여러 가지 사업에 투자했다. 두 번째 하인은 물건을 만들어 팔기 위해서 그 돈으로 원료를 샀다. 세 번째 하인은 1달란트를 풀숲 밑에 깊숙이 묻어두었다.

　1년이 지났을 때, 첫 번째 하인은 원금의 배(倍)를 벌어들였다. 주인은 몹시 기뻐했다. 두 번째 하인 또한 배를 벌었다. 주인은 똑같이 기뻐했다.

　마지막으로 주인은 세 번째 하인에게 물었다. "너는 네 1달란트를 가지고 무엇을 했느냐?" 하인이 말했다. "저는 1달란트를 잘못 쓸까 봐 두려워서 풀숲 밑에 깊숙이 숨겨 두었습니다. 자, 여기 있습니다. 주인님이 제게 주실 때와 똑같은 상태로 돌려드립니다." 주인은 벌컥 화를 냈다. "이 사악하고 게으른 종놈아! 내가 네게 준 선물을 활용할 줄도 모르다니!"

우리의 재능을 묻어 둔다는 것은 재능을 썩히는 것과 마찬가지이다. 성공한 전도인들은 자신의 목표를 달성하기 위해 열심히 그리고 남보다 오랜 시간 일했음을 알 수 있다. 성공은 별도의 움직임에 있는 것이 아니다. 성공에는 준비가 필요하고 자기 훈련과 열심의 노력과 용기와 참을성과 신념이 필요하다.

당신의 능력을 전도에 투입하라. 성경에 나오는 세 번째 하인을 기억하라. 그는 악마를 위해서 자신의 달란트를 사용한 것도 아니고 사업을 하다가 실패를 해서 비난을 받은 것도 아니다. 그가 비난을 받은 것은 단지 그것으로 아무 일도 하지 않았기 때문이다.

당신은 전력을 다함으로써 당신의 의지와 정신과 육체를 단련시킬 수 있다. 당신은 전도인으로서 성공하기 위해 최선의 노력을 다하라.

15. 올바른 정신자세와 분발적 불만

훌륭한 인격과 건강한 육체, 지식, 재능 그리고 선한 마음을 지니고 있음에도 불구하고 자신의 장래를 포기하는 사람들이 많다. 이런 사람들은 정신자세가 적극적이지 못하고 소극적이기 때문이다. 즉 올바른 정신자세가 아닌 그릇된 정신자세를 가지고 있기 때문이다. 그러면 올바른 정신자세란 어떤 것일까?

올바른 정신자세는 성실, 신앙심, 희망, 낙관, 용기, 솔선, 아량, 관용, 재치, 친절, 건전한 상식 등의 뜻이 상징적으로 내포된 플러스적 특성이다. 그릇된 정신자세는 이와 반대되는 특성을 말한다고 할 수 있다. 이런 주장에는 누구나 공감할 것이다.

그러나 아무리 뛰어난 사람이라도 어떤 불만, 즉 건전한 불만이 없다면 발전을 기대할 수 없다. 왜냐하면 욕망의 마력을 현실로 전환시키는 것이 '분발적 불만'(奮發的不滿)이기 때문이다.

"성장하는 유기체는 모두 완숙을 지향한다. 만약 이 유기체에 새 생명과 새 혈액과 새 활력소와 새 아이디어가 부여되지 않는다면 정지 상태에 처해 있다가 결국 사멸하고 만다"라고 에드워드 R. 듀이는 말했다. 이 세상의 모든 활동 분야에서 이룩되는 발전은 전부가 '분발적 불만'을 느낀 사람들이 열심히 노력한 결과이지 결코 만족감을 느낀 사람들에 의해서 이루어진 결과가 아니다. 불만이야말로 발전을 향한 인간의 추진력이다.

'분발적 불만'은 RMA(The right mental attitude : 올바른 정신자세)의 소산이다. 그릇된 정신자세를 갖고 있으면 불만의 추진력이 손상될 가능성이 많다.

당신은 뭔가를 갈구해야 한다. 무엇인가를 절실히 갈구하면 무엇인가를 반드시 해내게 된다. 전도를 절실히 갈구하라. 그러면 전도를 해내게 된다.

16. PEP의 성공 공식

펩(PEP)이란 승리자의 성공 공식이 있다.

펩(PEP)이란 끈기(Persistence), 열의(Enthusiasm), 그리고 계획

(Planning)의 약자이다. 이것은 성공적인 삶의 세 가지 요소이다. 이 공식을 사용하면 어떻게 우리가 적극적인 자세와 행동을 가지게 되는지 하나씩 살펴보기로 하자.

1) 끈기

첫 번째 요소는 끈기이다. 당신의 생애에서 이것보다 더 중요한 것은 없다. 압도적인 장애물과 패배에도 불구하고 끈기를 잃지 않았던 매우 성공적인 사람들의 이야기는 허다하다.

에이브러햄 링컨(Abraham Lincoln)은 사업에 실패한 적이 있고, 청혼했다가 거절당한 적이 있으며, 국회의원 선거에서 두 번이나 낙선했다. 세 명의 아들은 모두 그들이 19번째 생일을 맞이하기도 전에 잃었고, 1960년 대통령이 되기 전인 1854년에는 다시 상원의원 선거에서 낙선했다.

체스터 칼슨(Chester Carlson)은 1938년에 복사기 과정을 개발했지만 첫 제록스 914 복사기를 생산할 때까지 21년간의 끈기를 발휘해야 했다.

티 콥(Ty Cobb)은 처음으로 어떤 프로 야구단에 입단했을 때 실적이 너무 저조해 해고되었다. 그러나 차후에 그는 가장 위대한 야구선수 중 한 사람이 되었다.

척 예거(Chuck Yeager)는 난생 처음으로 승객으로서 비행기를 타고 어딘가로 가던 중 비행기의 흔들림으로 인해 뒷좌석에서 굴러 떨어졌다. 이 일로 인해 그는 다시는 비행기를 타지 않기로 맹세했다. 그러나 나중에 그는 최고 비행속도를 가진 신기록 보유자가 되었다.

한때 이런 말을 했던 사람이 있다.

"어떤 사람들은 성공하는 사람을 만들어지는 것이 아니라 태어난다고 생각합니다. 나는 타고난 재능이 없었습니다. 나의 동료들은 대부분 나에 비하여 여유있고 외향적인 사람이었습니다. 첫 해와 두 번째 해에 나는 옹졸했고 이론적이었습니다."

이 가련한 사람은 리 아이아코카(Lee Iacocca)이다.

우리는 왜 성공적인 사람들의 절정의 순간을 보면서 그들이 우리와 다르다고 낙담하는가? 왜 하나님께서 그들에게는 특별한 재능을 주었다고 말하는가? 그들에게는 미다스 왕(만지는 것마다 금으로 변하는 능력을 갖게 되었던 그리스 신화 속의 왕)의 손을 주었다고 말하는가?

유명한 바이올린 연주자인 프리츠 크라이슬러(Fritz Kreisler)가 공연을 마친 후였다. 한 여자가 그에게 나아가서 말했다. "만일 내가 당신처럼 아름답게 연주를 할 수 있다면 나의 일생을 바칠 것입니다." 그는 그녀에게 이렇게 대답했다. "나는 일생을 바쳤기 때문에 이렇게 연주하게 되었습니다."

마이클 두카키스(Michael Dukakis)는 매사추세츠 주의 주지사에 두 번 출마했다가 낙선하였다. 그의 생애는 산산조각이 나는 것 같았다. 그러나 그는 그의 사적인 행동을 하는 시간에 그의 행위를 재정리했다. 그랬기 때문에 그는 다음 번에 주지사가 되었고, 1988년에는 민주당 대통령 후보로 지명되기까지 했다.

내가 교단 총회에서 2년 연속 전도우수상과 공로상을 받고 소속교회에서 5년 연속 전도왕이 된 것은 전도할 때 일어나는 장애물, 좌절 그리고 거절에도 불구하고 용기와 자제로 끈기를 유지했기 때문이다.

2) 열의

열의는 펩(PEP) 성공 공식의 두 번째 요소이다. 만일 끈기가 연료라면, 열의는 불을 일으키는 불꽃이다. 열의란 당신의 일을 즐기는 것, 당신이 사람을 만나는 것을 즐기는 것, 그리고 당신 주위의 세계를 즐기는 것을 의미한다. 그것은 당신이 좋아하는 것만을 하라는 것이 아니다. 당신이 좋아하는 것을 배우라는 의미이다. 그렇게 된다면 당신은 당신의 일과 인생을 전반적으로 즐기게 될 것이다.

노동자에서 베들레헴 철강(Bethlehem Steel) 회사의 회장이 된 찰스 스왑(Charles Schwab)은 열의에 대해서 이렇게 말했다.

"열의를 가진 사람은 그 어떤 분야에서든 성공할 수 있다."

전도는 짜증스럽고 불쾌한 면도 있다. 전도는 아파트, 주택, 상가를 무작정 들어가고 상대의 거절, 불평등으로 인한 자존심 상함, 약속 불이행, 거절과 실망이 내포되어 있는 것이다. 이 모든 것은 전도를 질식시킬 수 있다. 그리고 종종 현실로 드러난다.

그러나 이런 면에 너무 신경 쓰지 말라. 그 대신 당신의 에너지를 전도 활동에 집중시켜라. 전도인은 항상 정직한 확신으로 활동해야 한다. 사람들은 당신이 무엇을 전하든 간에 당신의 믿음을 본다. 열의는 전염된다. 열의를 전달하는 사람이 되어라.

비관자들은 자신들의 비관적인 예언이 실현된다는 것을 알아야 한다. 왜냐하면 믿음은 실현될 확률이 높기 때문이다. 그러므로 당신은 성공한 사람들, 즉 실천가들과 어울려야 한다.

헨리 포드(Henry Ford)는 이렇게 말했다.

"할 수 있다고 생각하는 사람과 할 수 없다고 생각하는 사람, 이 두 사람은 각자의 생각대로 된다."

랄프 왈도 에머슨(Ralph Waldo Emerson)은 이렇게 말했다.

"그 어떤 위대한 것도 열의 없이 된 것은 하나도 없다."

3) 계획

계획은 펩(PEP) 성공 공식 중 세 번째 요소이다. 계획이 없으면 우리는 떠돌게 된다. 그렇게 되면 우리는 계획에 의한 행동을 하지 않고 상황과 사건에 따라 반응하게 된다. 각 전도대상자에 대한 정확한 전략과 계획이 없으면 우리의 전도 방문은 중단되고 연속되지 않으며 관계가 원만히 이루어지지 않는다.

우리가 우리에게 주어진 기회를 잃는 이유는 전반적인 목표가 없음으로 인해 우리의 전도 활동과 상관이 없는 사건에 개입되기 때문이다. "행운은 디자인의 결과"라는 말이 있다. 또 "기회는 준비된 사람에게만 호의를 베푼다"는 말도 있다.

유명한 축구 코치 빈스 롬바르디(Vince Lombordi)는 이렇게 말했다. "행운이란 계획과 기회의 만남이다."

당신은 당신의 전도구역, 당신의 생애, 당신의 인생에 대한 계획이 있는가? 당신은 다음 6개월간에 대한 구체적인 목표가 있는가? 1년 후는 어떤가? 5년 후는 어떤가? 전도대상자에 대한 전략이 있는가? 전도 방문에 대한 계획을 세우는가? 끈기와 열의를 계획적으로 사용하라. 그러면 당신은 투자한 시간에 대해 최대의 이익을 얻게 될 것이다.

당신의 전도대상자들, 당신의 활동들, 당신이 만나는 사람들을 알라. 그러면 당신은 당신의 인생으로부터 최대의 효과를 얻게 될 것이다. 당신의 인생에 대해 책임을 져라. 당신의 인생은 남들이 조종하도록 내버려 두기에는 너무나 소중하다. 우리는 실패하기 위해서 계획하지 않는다. 오히려 우리는 계획하지 않기 때문에 실패한다.

모든 방문은 목표(목적)를 가지고 하라. 그러면 당신은 그런 의지를 전도대상자에게 전하게 될 것이다. 따라서 당신의 전도대상자는 곧 교인이 될 것이다.

당신은 전략을 가져야 한다. 당신은 당신의 전도구역에 대한 전략이 있는가? 당신은 어떤 전도대상자를 왜 방문하고 있는지를 아는가? 당신은 전도 방문에 대한 목표가 있는가? 당신은 전화 방문에 대한 목표가 있는가? 당신은 최대의 이익을 얻기 위하여 당신의 시간을 소비하고 있는가? 당신의 활동은 위험부담이 낮은 사람들에 국한되어 있기 때문에 실적이 보잘것없지 않은가?

계획은 당신을 정상궤도에 오르게 만드는 것이다. 그것은 당신의 여행에 대한 방향과 목적을 가르쳐 주는 것이다. "만일 당신이 어디로 가고 있는지 모른다면, 당신은 어떤 곳에서 파산할지도 모른다"라는 말이 있다.

이제 당신은 펩 공식을 알았을 것이다.

끈기! 열의! 계획!

그것은 당신의 개인적인 성공을 위한 자세 면에서의 청사진이다. 당신은 이 세 가지 요소를 배우기 위해 학교로 돌아가거나 책을 읽거나 세미나에 참석할 필요가 없다. 당신은 이미 상상 외로 많은 끈기, 열의, 그리고 계획이 있기 때문에 남다른 성공을 거둘 수 있다.

성공적인 전도인의 기질은 내적인 것이다. 당신이 해야 할 일은 그것을 끄집어 내는 일이다. 당신은 당신의 성공에 대한 핵심적인 요소 자체이다. 당신의 성공은 당신에게 달려 있다. 당신의 기술과 테크닉이 통할지 통하지 않을지는 당신의 자세에 달려 있다. 당신이 아는 바와 같이 성공은 '내적인' 일이다.

당신은 당신의 동기부여와 성공에 대한 책임이 있다. 진실로 '공짜 점심'은 없다.

17. 전도 성공의 열쇠는 신념이다

하버드 대학의 심리학자요 철학자인 윌리엄 제임스는 "의심스러운 말에 대해 성공하는 유일한 길은 믿는 일이다"라고 말했다. 전도에서 상대를 전도할 수 있다고 믿으면 전도할 수 있으나 어렵다고 생각하고 전도에 임한다면 실패할 수밖에 없다. 다루기 힘든 전도대상자라도 신념을 갖고 임한다면 설득할 수 있다. 미국의 한 세일즈맨은 19년간의 끈질긴 방문 끝에 상대방을 설득하여 자신의 상품을 팔았다고 한다. 19년 동안 상대를 꼭 설득시켜야겠다는 신념과 집념은 대단한 것이다.

신념은 불가능을 가능으로 만드는 성공의 요소이다. 특별한 상대를 제외하고 전도에는 불가능이 없다. 전도의 불가능은 전도대상자가 만드는 것이 아니라 전도자(인)가 만든다. 전도하겠다고 방문했지만 전도가 안 된다. 두세 번 방문하고는 그만두고 만다. "안 된다, 불가능하다"고 말한다. 그러나 신념을 가지고 끈기 있게 나간다면 결과는 다르다. 전도하고 마는 것이다. 신념은 전도가 되도록 만드는 성공의 열쇠이다.

신념에는 네 가지가 있다.

(1) 자기의 능력을 믿는 신념

(2) 교회와 목사님을 믿는 신념

(3) 전도대상자를 믿는 신념

(4) 하나님(예수님)을 믿는 신념

이 네 가지 신념을 소유한다면 당신은 전도계에서 대성할 것이다.

18. 인간관계가 좋아야 한다

인간관계는 출세의 비결이며 전도 성공의 비결이다.

전도를 잘하기 위해서는 보다 많은 사람들을 사귀고 그들과 좋은 인간관계를 맺어야 한다.

전도인이 소속한 교회와 타 교회 목사님 설교 등이 차이가 없고 거의 같다면 전도대상자는 누구의 교회를 선택할 것인가? 평소부터 잘 알고 있는 사람, 바로 인간관계가 좋은 사람에게 끌릴 것이다. 전도 후에도 인간관계는 더욱 중요하다. 당신이 상대와 계속 좋은 인간관계를 가지려면 어떻게 해야 하는가?

- 자주 접촉한다 : 만나는 빈도 수가 많아야 한다.
- 어울린다 : 사람을 만나면 어울리는 기회를 가져야 한다. 등산, 사우나, 낚시, 골프, 테니스, 당구, 기원, 여행 등.

- 무엇인가를 준다 : 만남에 감사한다는 뜻으로 작은 선물을 준다.
- 칭찬한다 : 남들이 무엇인가 성취했을 때에는 절대로 기회를 놓치지 말고 칭찬의 말을 해 주어라. 아무리 그들의 성취가 작고 보잘것없어 보인다고 해도 말이다. 사람들의 장점은 빙산과 같다. 빙산은 수면 아래에 숨겨진 부분이 훨씬 더 많은 법이다. 당신은 상대의 장점을 찾아 진심으로 칭찬하라.
- 약속은 반드시 지킨다 : 절대로 현실을 외면하지 말라. 약속했으면 지켜라. 적지 않은 경비와 개인적인 곤란이 생긴다고 해도 말이다.
- 깨끗한 매너를 갖는다 : 인사, 말하기, 예의범절, 단정한 몸가짐, 표정 등.
- 관대한 사람이 된다 : 중요한 사람이 되는 것은 좋은 것이다. 그러나 좋은 사람이 되는 것은 더 중요하다. 조그마한 잘못은 용서할 줄 알아야 한다.
- 잘못을 시인한다 : 변명하지 말고 처음부터 정중히 사과한다.
- 경청한다 : 상대가 말하는 것에 반론이 있더라도 끝까지 듣는다. 경청은 상대의 인격을 존중하는 것이다. 들을 때는 마음과 귀로 들어라. 유태인의 격언에 "입은 하나지만 귀는 둘이 있다"라는 말이 있다. 이는 상대방의 말은 두 배로 들어야

한다는 뜻이다.
- 비판의 습관을 버리고 비난만 하는 사람이 되지 마라.
- 예의바르게 행동한다 : 거만하게 행동하지 않는다.
- 신뢰한다 : 서로가 신뢰할 수 있도록 되어야 한다. 약속은 생명처럼 지켜라.
- 이익을 주는 사람이 된다 : 이익을 주는 사람을 통해서 전도 받고 싶고 기다린다.
- 웃는 얼굴을 한다 : 미소는 상대방의 마음을 휘어잡는다. 미소는 거절을 못하게 만드는 힘을 가지고 있다. 미소는 상대를 기분 좋게 만든다.
- 접대한다 : 음식이나 커피 등으로 접대한다.
- 항상 상대에게 감사를 표시한다 : 만나 준 것에 대해 감사하고 사 준 것에 대해 감사의 마음을 나타낸다.
- 상대의 단점을 지적하지 않는다.
- 상대를 이해한다.
- 화를 내지 않는다.
- 논쟁을 피하거나 져 준다 : 논쟁은 전도의 독약이다. 논쟁에서 이기면 전도는 실패한다. 논쟁은 상대방의 마음에 상처를 준다. 논쟁은 피하거나 져 주는 것이 현명하다.
- 경조사에 철저히 찾아간다 : 아주 중요한 인간관계의 비결이

다. 소홀히 하지 말라. 인간관계를 맺을 수 있는 좋은 기회로 삼아라.
- 성실하게 관심을 보인다.
- 이름을 기억한다.
- 겸손하라 : 교만은 관계가 멀어지고, 사람을 잃는다.
- 섬김의 자세를 가져라 : 예수님의 전도법

19. 방문 활동을 강화하라

무조건 방문을 많이 한다고 해서 반드시 전도를 많이 하는 것은 아니다. 그러나 방문을 많이 하면 전도를 많이 하는 것이 전도의 진리이다. 나태한 전도인이 성공한 적은 없다. 일찍 일어나는 새가 벌레를 잡는다는 말이 있듯이 말이다.

전도인의 실적은 방문 횟수에 비례한다. 전도는 족(足) 철학이다. 전도에서 발은 참으로 중요하다. 당신은 하루에 몇 사람을 방문하는가? 당신이 보다 많이 전도하기 위해서는 지금보다 방문 횟수를 늘려야 한다. 한국의 전도왕들을 보면 그들은 억척같이 일한 사람이다. 농촌 머슴같이 일했다. 발이 부르트도록 돌아다녔다.

판교에 입주가 시작될 무렵 전도인들은 무섭게 돌아다녔다. 담임목사님 사모님도 오전부터 오후까지 전 지역을 누볐다. 저녁에는 발에 물집이 생겼다고 한다. 내가 다른 전도인보다 2배 이상의 전도실적을 올린 비결의 하나는 다른 전도인보다 2배 이상으로 방문을 더 했기 때문이다.

   탁월한 전도실적은 방문 횟수 증가와 방문의 내용이다. 전도실적을 많이 올릴 수 있는 단 한 가지 비결은 방문을 많이 하는 것이다.

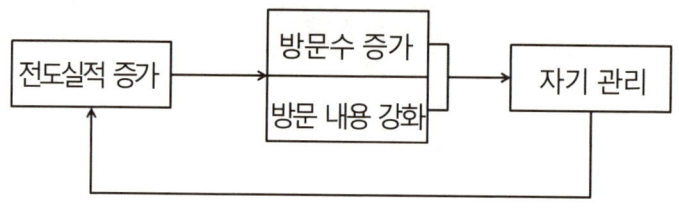

20. 즉시 하라

   변화 있는 삶을 살기 위해서는 즉시 하는 버릇을 가져야 한다. 성공하는 사람들을 보면 어떤 아이디어가 머리에 스칠 때 서슴없

이 즉시 행동으로 옮긴 사람들이고, 또한 자기에게 임무가 주어질 때 어떤 어려움이나 공포가 따르는 일이라도 즉시 행동으로 옮긴 사람들이다. 또한 그때 그때 일을 바로 처리하는 사람들이라는 사실을 우리는 안다.

그 반면 실패하는 사람들을 보면 아무리 훌륭한 아이디어를 갖다 주어도 두려움 때문에, 혹은 주저하는 버릇 때문에 즉시 행동으로 옮기지 못해 실패하곤 한다.

좋은 습관(버릇)은 성공을 만들어 주는 원천이고, 나쁜 습관은 실패를 갖다 주는 원천이다. 우리 주위에 있는 알코올 중독자들을 보자. 그들은 습관적으로 술을 마심으로써 자기 자신을 상실한다.

이와 같이 전도인도 즉시 일을 처리하지 못하고 내일로 미루는 습관 등으로 자기 자신을 망치는 경우가 있다.

여기서 덴마크의 위대한 철학자 키에르케고르의 이야기를 읽고 우리의 교훈으로 삼자.

겨울의 찬바람을 피하기 위해서 남으로 가던 철새 떼들이 첫날 밤 어느 농부의 밭에 내려 옥수수를 마음껏 먹었다. 다음 날 아침 한 마리의 철새만 남고 모두 날아갔다. 방심한 철새는 이렇게 말했다. '옥수수는 맛이 정말 좋다. 하루만 더 쉬었다 가야지.' 다음 날 아침에도 다시 하루만 더 쉬었다 가겠다고 결심했다. 다음 날도 역시 하루만 더 맛있는 옥수수를 먹고 가겠다고 생각했다. 그는 버릇을 가지게 된 것이다. 그는 이렇게 말했다. '나는 내일 남으로 날아갈 것이다.' 그다음 치명적인 날이 찾아왔다. 겨울바람이 너무나 차가웠기 때문에 더 이상 있다가는 동사할 것만 같았다.

그래서 그는 그의 날개를 쭉 폈다. 그리고 있는 힘을 다해서 하늘을 날아 보았다. 그러나 큰일이었다. 그는 뚱뚱해졌기 때문에 날아갈 수가 없었다.

'다음 날 다음 날' 하고 미루었던 버릇이 엄청난 결과를 초래한 것이다.

21. 용기 있는 전도인이 되는 길 14가지

용기 – 씩씩하고 굳센 기운 또는 사물을 겁내지 않는 기개

용기는 전도인에게 아주 중요한 기질이요, 전도를 잘하게 하는 비결이다. 전도에서 용기가 없으면 무용지물이다.

1) 당신은 겁쟁이가 아니다

당신 자신에게 선포하라.

"나는 겁쟁이가 아니다. 그리고 나는 그것을 증명할 수가 있다." 당신은 캄캄한 지하실, 강단, 교회의 앞좌석을 겁내지 않는다 – 그러나 당신의 어떤 친구들은 이런 것들을 생각할 때마다 두려워한다. 그러나 당신은 다르다. 남들은 두려워해도 당신은 용

감하다. 그리고 일단 당신은 한 번이라도 용감하게 처신하면 항상 용감하게 처신하게 된다.

당신이 수천 번의 용감한 행위 중에서 하나를 회상하기는 간단한 문제이다. 대담하게 그것과 함께 살아라. 당신은 겁쟁이가 아니다! 당신은 수천 번이나 선행했다! 당신은 전투에 임할 때마다 당신 자신의 등을 두드려 주는 용맹스러운 영웅이다.

영웅이 되어라.

언제 어디서나 당신은 겁쟁이가 될 수도 있고, 또 영웅이 될 수도 있다는 사실을 명심하라! 당신이 하고 있는 것을 증오하고 두려워함에도 불구하고 만일 당신이 사자의 굴속으로 걸어서 들어갈 수 있다면, 당신은 겁쟁이가 아니라 영웅이다.

2년 전 나는 어느 전도인이 전도를 시작할 때 도와준 적이 있다. 그에게 방문하는 것은 고통스러운 것이었다. 그는 방문 공포증 때문에 상대의 집 근처를 배회한 적이 한두 번이 아니었다. 그는 용기가 없어서 아파트, 주택, 상가를 방문할 수가 없었다.

그 후 그는 전도에 자신감을 갖고 전도하고 있었다. 만일 당신이 당신 자신에게 나는 전도할 용기가 있다고 선포한다면 용기는 당신의 것이다.

Ⅳ. 전도인의 성공전략

2) 적극성을 발휘하라

할리우드의 영화 전문가들은 여배우들을 평가할 때 아름다움보다는 적극성을 더 높이 평가한다. 상대방에게 접근하는 배짱이 있는, 먼저 인사하는, 남보다 한 발 빠른 여성은 비범한 연기력을 가진 자립심이 강한 자이다. 적극성이 있는 여배우는 남달리 아름답다.

적극성이 있다면 당신도 다른 모든 전도인과 달리 매력적인 사람이다. 상대는 적극성을 좋아한다. 왜냐하면 적극성, 용기, 자신감을 가지고 권하는 것은 모두가 우수하다는 것을 의미하기 때문이다. 계속 전진하라. 적극성을 발휘한다면 당신은 적극적이다.

당신이 해야 할 일은 시작하는 것이다. 전진하라. 항상 전진하라. 기다리지 말라. 가만히 서 있지 말라. 항상 움직이는 것은 적극적인 것이요, 보탬이 되는 것이다. 특히 아무것도 하기 싫은 날에 용감하게 헌신하는 것은 놀라운 것이다. 예를 들면, 금요일에 쉬고 싶다면, 그날을 당신의 공격일로 정하라. 그리고 다른 날들과는 달리 그날에는 더 대담하게 전도 활동을 해 보라. 그러면 상상 외로 실적이 나올 것이다.

3) 제시할 어떤 새 것을 가져라

대부분의 전도인은 날마다 똑같은 방식으로 전도대상자를 방문하고 있다. 만일 당신이 당신의 전도 대화를 좋아하지 않는다면, 전도대상자들도 그것을 좋아하지 않는다. 실제로 대부분의 전도대상자들이 짜증을 부리는 것은 대부분의 전도인이 똑같은 소리를 반복하기 때문이다. 만일 당신이 전도대상자라면 매일 10명의 전도인과 인터뷰를 해 보라. 그러면 당신은 그들이 이구동성으로 똑같은 소리를 반복한다는 사실을 발견하게 될 것이다. 그러면 당신은 그런 엉터리 전도기술 때문에 지치게 될 것이다.

전도인이 나타나면 경험 있는 전도대상자는 그 전도인이 이 특별한 인터뷰에서 어떻게 말하고 행동할 것인지를 짐작할 수가 있다. 그것은 자연적인 현상이다. 그는 당신을 알고 있다. 그는 당신의 한계를 알고 있다. 그는 당신이 얼마나 자주 반복적으로 말하는지를 알고 있다.

실제로, 만일 당신이 전도대상자에게 어떤 새 것을 말해 주지 않는다면, 전도대상자는 조만간에 당신을 만나기 싫어하게 될 것이다. 반대로 전도대상자의 입장이 되어 보라. 만일 당신이 전도대상자라면 어떤 새 것이 없는 전도인을 반길 것인가?

전도대상자의 시간을 낭비하지 말라. 전도대상자가 당신에게 새로운 용기, 새로운 스릴로 당신에게 호응하기를 바란다면 그에게 어떤 새 것을 제시하라. 실제로 전도대상자에게 어떤 새 것을 제시하는 것은 그에게 특별한 서비스를 하는 것이다. 그것은 당신이 그에게 어떤 지식이나 교훈을 가르쳐 주는 것이다.

전해야 할 새것들, 전도대상자가 관심을 가지게 하는 새 방법들, 전해야 할 새 메시지를 발견하는 것은 매우 재미있는 일이다. 그것은 전도에 필요한 용기를 강화시키는 것이요, 나아가서는 짜증과 단조로움을 추방하는 것이다.

4) 오로지 계속 전진하라

용기가 사라지면, 당신은 중지하고 싶을 것이다. 그러나 중지하고 싶을 때 계속 전진하라. 피곤해도 자동차를 계속 몰아라. 그러면 당신은 상상 외로 빨리 목적지에 도착할 것이다!

당신이 많은 전도를 한 날을 기억하고 있는가? 그날은 계속 전진한 날이 아닌가? 그날은 제대로 먹지도 못하고, 쉬지도 못하고, 귀가 시간이 늦었던 날이 아닌가? 8시간 내에 한 달분의 일을 다 끝낸 듯한 날들을 생각하라. 만일 당신이 해야 할 모든 일을 파악하기 위해서 멈춰 있다면, 당신은 절대로 어떤 일도 착수하지 못할 것이다. 내일 당장 휴가를 떠나고 싶다면, 오늘 당장 전진하라. 오늘을 기적의 날로 만들어라!

만일 당신이 시간의 중요성을 이해한다면 당신은 기상해서부터 퇴근할 때까지 사이의 시간을 최대로 활용할 것이다. 어떻게 하는 것이 시간을 최대로 활용하는 것인가? 일이 끝나는 즉시 전진하

라. 과거의 성취를 감상하거나 자랑하기 위해서 멈추지 말라.

당신이 성공한 전도실적을 지나치게 자랑하지 말라. 작은 성취들에 만족하는 것은 사치를 일삼는 것이다. 그리고 슬럼프에 빠지는 것은, 당신이 지금까지 놓친 모든 전도를 생각하기 때문이다. 오로지 계속 전진하라. 당신 자신에게 우울증에 빠질 시간을 허용하지 말라. 그러면 당신은 분명히 전도를 배가시킬 것이다.

5) 수시로 당신 자신을 채찍질하라

당신은 자제에 얽매일 필요가 없다. 용기를 가질 필요가 있을 때 자제하면 되기 때문이다. 당신은 조금만 자기 부인을 해도 많은 용기를 얻을 수 있다. 수시로 당신 자신을 채찍질하면, 당신은 즉시 더 청결하게, 더 강하게, 더 용맹스럽게 될 것이다.

당신이 항상 자제하기는 어려울 것이다. 그러나 용기를 가지려면 자제해야 한다. 용기를 가지면 당신은 정상궤도를 달리게 될 것이다. 의지력이 없는 사람은 누구나 가장 낮은 상태로 떨어지고 만다. 의지력이 없는 전도인은 전도력이 없다.

당신은 아마도 전국적으로 유명한 전도왕 몇 명을 알고 있을 것이다. 전도실적을 많이 올린 사람들, 항상 목사를 기쁘게 하는 자들 말이다. 만일 당신이 그런 전도왕들을 자세히 살펴본다면 당신은 그들에게서 하나의 공통점을 발견할 것이다. 그것은 바로 자제다. 그들은 자제에 근거한 용기로 두각을 나타내는 것이다.

6) 당신 자신에게 도전하라

당신 외에 당신의 용기에 대한 책임이 있는 자는 하나도 없다. 누가 당신에게 말하는가. "중단하라! 너는 무능하다! 그 일은 네가 감당하기에는 너무 큰 것이다!" 아니면 이런 말은 누가 하는가! "너는 능력이 부족하다!" 그것은 남의 소리가 아니다. 그것은 어디까지나 당신이 당신 자신에게 잔인하게 말하는 것이다!

당신 자신만이라도 당신의 편이 되어야 한다. 스스로 이런 독약을 삼키지 말라. 그런 소극적인 메시지가 들릴 때마다 당신 자신에게 명령하라. "도전하라! 도전하라! 도전하라!" 그것을 속삭여라. 그것을 외쳐라. 그것을 가까이하라. 그리고 그것을 반복하라. 당신 자신에게 말하라. "도전하라!" 그러면 의심이 사라지고 즉시 야망이 생길 것이다! 진짜 영웅은 자기 마음속으로부터 모든 소극적인 생각들을 몰아내는 사람이다.

7) 완전한 용기를 가져라

오랫동안 전도 활동을 하다 보면 용기가 약화되는 경향이 있다. 그것은 적당히 지내려는 경향 때문이다. 그것은 나쁜 자세이다. 전도실적을 많이 올리려면 사람들을 많이 만나고 그들과 좋은 관계를 가져야 한다. 적당주의자가 되지 말고, 영웅, 즉 히어로가 되라. '적당주의자'가 되는 것보다는 '히어로'가 되기 더 쉬운 것이다.

8) 최소한 10만 원을 항상 가지고 다녀라

항상 당신의 호주머니에는 최소한 현금 10만 원이 들어 있어야 한다.

처음에는 좋은 옷을 입으라고 했고, 두 번째는 많은 현금을 가지고 다니는 것이 용기와 자신감이 있는 전도인이 되는 길이다. 가능하면 현금 10만 원을 가지고 다니는 것은 은행통장에 입금되어 있는 것보다 더 가치 있는 것이라고 생각한다. 돈이 부족하면 당신은 초라하게 느낄 것이다.

호주머니 속에 천 원이 들어 있다면 당신은 천 원짜리 사람이라고 느낄 때도 있다. 그러나 당신의 호주머니 속에 10만 원이 들어 있다면, 당신은 부자처럼 느낄 것이다.

10만 원을 낭비하려면 가지고 다니지 말라. 그것은 그냥 넣고 다니기만 하라. 근면하라. 언제나 10만 원을 가지고 다녀라. 빈 지갑을 넣고 다니면 당신의 용기와 적극성이 사라진다. 그 돈을 가지고 다니면 안정감이 있다. 당신의 호주머니 속에 10만 원을 가지고 다니면, 당신이 껌이나 빵을 살 때에도 자신만만해할 것이다. 10만 원을 가지고 다니면 전도대상자가 당신을 절대로 경시하지 않을 것이다(그것은 전도대상자가 가진 현금보다 더 많은 것일지도 모른다). 허풍 떨려면, 교만 부리려면, 낭비하려면 10만 원을 가지고 다니지 말라. 그것을 가지고 다녀야 할 유일무이한 이유는 항상 당신에게 용기가 있게 하기 위함이다.

9) 당신의 고귀한 기록을 능가하라

골퍼는 항상 자신의 개인 기록을 능가하려고 노력한다. 당구를 좋아하는 사람도 자신의 종전 기록을 경신하기 위해서 노력한다. 당신이 만든 가장 큰 전도, 당신이 얻어 낸 가장 큰 전도는 무엇인가? 아니면 당신이 한 달이나 일 년 동안 올린 최고의 전도실적은 무엇인가? 그것이 당신의 고귀한 기록이다.

- 한번 기록을 세웠다 해도 중지하지 말라.

우리는 역사 속에서 가장 고귀한 기록을 찾아볼 수가 있다. 고귀한 기록은 개인이 자신의 능력을 최대로 발휘한 것이다. 그는 그것을 다시 능가하지 않고 자기 과거사 중에서 그것만이 자랑스러운 것이라고 외치며 살기로 결정할 수도 있다. 만일 당신이 당신의 기록을 능가할 수 있고 또 능가할 것이라고 믿지 않는다면 당신은 전도인이 아니다. 그것은 당신이 전도에 대한 자신감이 있는지 없는지를 시험하는 것이다.

전도에 대한 자신감이 있다면 당신은 과거보다는 오늘, 오늘보다는 내일 더 잘 살게 될 것이다. 그러므로 당신은 앞으로 최고의 기록을 많이 세울 수가 있다.

고귀한 기록을 세우려면 우선적으로 어떻게 해야 하는가? 과거의 기록을 능가하려면 당신은 노력해야 한다. 당신은 실제로 성공하기 전에 얼마나 노력했는가? 당신이 고귀한 기록을 세우기 위해서 노력할 때 방해하는 것은 무엇인가?

그것을 능가하라! 그것을 물리쳐라! 무관심, 적당주의, 절망을 버려라. 어떤 이에게 당신은 그것을 능가할 것이라고 선포하라 - 당신은 그것을 능가할 것이라고 믿어라. 그러면 당신은 다시 젊어질 것이다. 당신은 젊은이처럼 자신감이 넘칠 것이다. 적극성이 있다면 당신은 실패를 겁내지 아니하고 돌진할 것이기 때문에 좋은 결과를 보게 될 것이다. 그것은 당신이 사전에 좋은 결과를 얻기로 결심했기 때문이다!

그 고귀한 기록을 능가하라! 중단하지 않고 일한 시간들, 하루, 한 주, 혹은 한 달의 생산적인 방문 횟수 말이다. 당신의 가장 큰 전도기록은 경신될 수가 있다. 그것을 경신하기로 결정하라!

- 아무도 달성하지 못한 전도목표를 세워라.

당신이 당신의 개인적인 고귀한 기록을 경신해 나간다면, 당신이 세계기록에 도전한다고 해도 아무도 멈출 수 없다. 왜 당신은 개인적인 기록을 경신하는 것만으로 만족하는가? 당신은 기록을 경신할 자신이 있다면 왜 그것을 보여주지 않는가? 항상 고귀한 기록을 경신하라!

브리태니커 회사 세일즈맨 시절, 한국에서의 1등은 가능하다고 생각했지만 전 세계(54개국 수만 명의 세일즈맨)에서 1등을 해서 회사에서 주는 최고의 영광인 세계 세일즈 챔피언상(賞)을 받는다는 것은 불가능한 것처럼 생각했다. 그러나 어느 날 나는 세계 제1의 세일즈맨이 되기로 마음을 먹고 각국(미국, 일본, 영국, 캐나다, 서독 등 54개국)의 최고 톱세일즈맨에게 도전장을 보냈다. 물론 미국 본사 사장이나 일본 극동 담당 부사장에게도 보냈다. 시작의 종은 울렸다.

나는 과거 어느 때보다도 최선의 노력을 했다. 어느 날은 새벽 5시부터 시작해서 오후 10시 전후, 늦게는 11시 40분까지 일하기도 했다. 이런 날들이 계속되었다. 몸은 지쳤다. 중도에서 포기하고 싶었다. 내가 무섭게 뛰는 것을 지켜본 모든 주위 사람들은 혀를 찼다. 한국지사 사장은 나에게 많은 격려와 전보를 보내 주었다. 마지막까지 최선을 다하라는 것이었다. 나는 용기를 내서 무섭게 뛰었다. 그 결과 꿈을 이루었다. 세계 최고의 세일즈맨이 되었다. 이때 나는 '하면 된다'는 것을 실천을 통해 알았다.

10) 모토를 채택하라 : 계속하라!

영어에 속한 모든 단어 중에서 가장 천하고 비참한, 그리고 수치스러운 단어가 있다. 그것은 어떤 것보다도 더 빨리 당신을 망치는 것이다. 그것은 바로 이것이다. '포기하라!'

"포기하지 말라! 포기자가 되지 말라!" 어떤 이가 말했다. 일을 중지하고 싶을 때일수록, 당신의 자리를 포기하고 싶을 때일수록, 싸움을 그만두고 걸어 나오고 싶을 때일수록 돌아서서 다시 전투하라. 왜냐하면 당신은 포기자라는 낙인이 찍힐 필요가 없기 때문이다.

정직하게 대답해 보라. 당신은 포기자인가 아니면 행동가인가? 포기한다고 해도 당신을 나무랄 자는 아무도 없다. 어쨌든 당신은 실제로 몇 번이나 포기했는가? 당신은 몇 번이나 어떤 것을 시작하여 끝맺음을 하고 이행하지 않았는가? 몇 번이나 당신의 각오가 수포로 돌아갔는가? 당신은 몇 번이나 마땅히 해야 할 것을 하지 않았는가?

당신이 당신 자신을 돌이켜 본다면 상상 외로 많이 포기했다는 사실을 깨닫게 될 것이다.

반대로 영어 속에는 우리가 가장 가까이해야 할 장엄하고, 품위 있는 한 단어가 있다. 그것은 다름 아닌 '계속하라!'이다.

포기하고 싶은 유혹이 생길 때, 계속하라! 당신 자신에게 말하

라. "계속하라! 그것을 반복하라! 계속하라!"

당신은 위대한 희망, 위대한 목적이 있다. 그것들을 달성하라! 당신은 단 한 번에 무엇이든지 할 수가 있고, 무엇이든지 얻을 수가 있고, 무엇이든지 될 수가 있다고 생각하는가? 절대로 그렇지 않다! 당신은 계속해야 한다.

오래 전부터 잘 알려진 모토는 이것이다. "노력하라, 다시 노력하라!" 현대의 모토는 이것이다. "계속하라!" 계속한다면 당신은 실패를 겁내지 않을 것이다. '다시 노력하라'는 말은 불충분하다. '계속 노력하라.' 계속한다면 당신의 일은 실망과 실패의 연속이 아니다. 실패라 불리는 것은 하루 일과의 일부이다. 그것은 처리하기 힘든 일일 뿐이다. 포기하라는 말을 물리치는 것은 계속하라는 말이다.

생각이 계속되면, 행동이 계속된다. 어떤 것이 이루어지려면 인내가 있어야 한다. 인내는 열성보다 더 중요한 것이다. 모든 사람들이 전부 예술가, 기술자, 천재 혹은 세련된, 교육받은 사람이 될 수는 없다 – 그러나 당신은 인내하는 사람은 될 수 있다.

11) '거절'을 답으로 간주하지 말라

전도를 오래 한 전도인도 전도대상자가 거절하면 깜짝 놀란다. 깜짝 놀랄 뿐만 아니라 흔히 완전히 그 전도대상자에게는 전도하기를 멈춘다. 당신은, 사람은 대개 거절한다는 사실을 명심해야 한다. 거절을 답으로 간주하지 말라. 거절로부터 전도를 시작하라.

나는 전도 시 전도대상자로부터 거절을 당하면 놀라지 않고 환영할 뿐만 아니라 그것을 좋아하기까지 했다. 전도는 쉽기도 하고 어렵기도 하다. 닫힌 문은 정상적인 것이다. 거절이 없다면 전도인은 필요없을 것이다. 거절은 당신의 전도의 시작이다. 그것 주위에서 그것 위에서, 혹은 그것 밑에서 길을 찾아라. 한니발 장군이 알프스를 정복한 것처럼 그것을 정복하라. 당시에 사람들이 그 험한 산들 속에 그의 군대가 통과할 길이 있는지 궁금하게 생각할 때 한니발 장군은 대답했다.

"나는 길을 찾을 것이다. 없으면 길을 만들 것이다."

12) 용감한 자와 상종하라

당신의 일과 시간이나 과외시간에, 가능한 한, 대담성, 끈기, 배짱을 가지고 범사를 대하는 사람들과 상대하라. 만일 당신이 어느 팀의 팀원이었다면, 당신은 용기를 가진 팀원으로부터 용기를 배웠을 것이다. 만일 당신이 소심한, 소극적인 사람들과 상종한다면, 당신은 결국 그들과 거의 흡사한 사람이 될 것이다. 영웅들과 어울려서 그들의 용맹을 배워라. 그들을 가까이하면 그들이 어디서 배짱을 얻는지를 알게 될 것이다. 그러면 당신도 그들처럼 배짱을 가지게 될 것이다. 전도기술을 아는 자만이 용기를 강화시킬 수 있다.

그리고 당신이 전도를 잘하는 선배나 책, 전도세미나로부터 전도기술을 배우지 않는다면 누구로부터 그것을 배울 것인가?

13) 친절을 실천하면 용기가 생긴다

이런 속담이 있다. "너에게 고민이 생길 때는 용기를 가지고, 남에게 고민이 생기면 친절을 베풀어라." 그러나 당신에게 생기는 대부분의 고민들은 예고 없이 찾아온다. 그리고 그것은 당신의 균형을 못 잡게 한다. 그것은 항상 응급이라는 이름으로 찾아온다. 그러나 당신은 어떤 고민이 생겨도 일어나서 싸워야 한다. 당신은 기본교육을 받으러 갈 수가 없다. 왜냐하면 당신에게 생기는 대부분의 고민들은 당신을 기다려주지 않기 때문이다.

그러나 다른 사람의 고민은 너무나 현저한 것이기에, 우리는 그것이 갑자기 생긴 것이거나 예기치 못한 것이라고는 말할 수가 없다. 우리는 사방에서 다른 사람들의 고민을 볼 수가 있다. 이와 같이 당신 주위에는 고민이 허다하기 때문에 친절을 실천할 기회는 얼마든지 있다.

당신의 주위를 한번 살펴보라. 그러면 당신은 다른 사람의 고민을 발견할 것이다. 그것이 약간이라도 가볍게 되도록 노력하라.

환자를 위문하러 가라. 전화를 걸어라. 편지를 써서 보내라. 선물을 보내라. 약자를 위하여 싸워라. 불의를 물리쳐라. 항상 진리의 편이 되라. 친절은 건강의 길이다. 친절은 안정과 침착성을 초래한다. 이것들은 모두 다 친절의 부산물이다. 그러나 남에 대한 친절의 가장 큰 열매는 당신에게 생기는 용기이다.

남들에게 고민이 생길 때 친절을 베풀어라. 그러면 그것은 버릇이 된다. 당신의 서비스는 너무나 순수한 것이기 때문에 당신은 당신이 도와준 모든 사람들을 기억할 수가 없을 것이다 - 이것이 최고의 사랑이다! 그리고 만일 당신에게 고민이 생긴다면 용기를 가져라. 그러면 당신에게 불행이 침입하지 못할 것이다.

14) 용기를 가지려면 신념을 가져라

용기는 당신이 적극적으로 행동하도록 만든다. 화재 상황에서 용기를 가지면 당신은 퓨즈를 끊고 장애물들을 제거할 것이다. 그리고 당신은 불과 연기를 통해서 나아가 당신이 원하는 것을 취할 것이다.

실제로 용기는 그런 극적인 것만 초래하는 것은 아니다! 용기를 가지려면 먼저 신념을 가져라.

여기에 당신을 예절 있게 대하고, 당신에게 충분히 시간을 내어 주고, 항상 웃어 주고, 항상 그를 방문해도 좋다고 말하면서도 당신으로부터 여전히 전도되지 않은 전도대상자가 있다고 가정하자. 그의 냉정한 자세에도 불구하고 그의 말, 그의 이유, 그의 웃음에도 불구하고 당신 자신에게 당신은 이 사람을 전도할 수 있다고 말하라. 당신의 용기를 믿어라! 그는 전도될 것이라고 믿어라. 그러면 그는 당신의 신념에 감동될 것이고, 당신의 전도기술을 통해서 그의 각오는 약화되어 결국 그는 자신의 마음을 고쳐먹게 될 것이다.

🗝 용기를 줄 수 있는 성경구절

빌립보서 4:13

"내게 능력 주시는 자 안에서 내가 모든 것을 할 수 있느니라."

예레미야 33:3

"너는 내게 부르짖으라 내가 네게 응답하겠고 네가 알지 못하는 크고 은밀한 일을 네게 보이리라."

이사야 41:10

"두려워하지 말라 내가 너와 함께함이라 놀라지 말라 나는 네 하나님이 됨이라 내가 너를 굳세게 하리라 참으로 너를 도와 주리라 참으로 나의 의로운 오른손으로 너를 붙들리라."

이사야 40:31

"오직 여호와를 앙망하는 자는 새 힘을 얻으리니 독수리가 날개치며 올라감 같을 것이요 달음박질하여도 곤비하지 아니하겠고 걸어가도 피곤하지 아니하리로다."

시편 43:2-4

"주는 나의 힘이 되신 하나님이시거늘 어찌하여 나를 버리셨나이까 내가 어찌하여 원수의 억압으로 말미암아 슬프게 다니나이까 주의 빛과 주의 진리를 보내시어 나를 인도하시고 주의 거룩한 산과 주께서 계시는 곳에 이르게 하소서."

시편 27:1

"여호와는 나의 빛이요 나의 구원이시니 내가 누구를 두려워하리요 여호와는 내 생명의 능력이시니 내가 누구를 무서워하리요."

22. 끈기 있는 전도인이 성공한다

당신이 전도인으로 성공하려면 한번 마음먹은 일이 성취될 때까지 지속적으로 끈기 있게 나가야 한다. 최후의 승리는 출발점의 비약이 아니라 결승점에 이르기까지의 끈기와 노력이다. 목적이 멀면 멀수록 더욱더 앞으로 나아감이 필요하다.

성급히 굴지 마라. 그리고 쉬지 마라. 전도를 성공시키려면 당신은 전도가 될 때까지 끝장을 내는 승부 근성을 가지고 있어야 한다. 가능성이 있는 가망 전도대상자에 대해서 전도가 성공될 때까지 몇 번이고 찾아가는 끈기를 필요로 한다. 우리나라 속담에 "열 번 찍어 안 넘어가는 나무 없다"고 했고, 영국의 문호이며 극작가인 셰익스피어는 "아무리 단단한 대리석이라도 계속적으로 떨어지는 물방울에 의해 구멍이 뚫린다"고 했다.

또한 한 마리의 개미가 알알의 보리를 물고 담벼락을 오르려다가 69번을 떨어지더니 70번째에 목적을 달성한다. 이 일을 교훈 삼아 나는 어느 전도대상자에게 103번째 방문하고 있다. 곧 전도 성공의 문턱에 와 있다.

성공한 사람들이 공통적으로 가지고 있는 한 가지 특징

세계적으로 끈기 있는 세일즈맨을 보면 대단하다. 318번째 방문에서 납품에 성공한 세일즈맨이 있는가 하면, 15년간의 끈질긴 방문에서 주문을 받아 낸 이야기 등등. 나도 세일즈맨 시절 49번 방문해서 실패한 후 50번째에 성공한 기록을 가지고 있다. 나는 상대가 죽거나 이민 가야 포기했지 살아 있으면서 사지 않으면 계속 방문하여 팔았다.

현대그룹의 창시자인 고(故) 정주영 회장의 벼룩 이야기는 유명했다. 그는 젊은 시절에 인천 부두 노동자로 일했다. 그는 낮에는 중노동을 하고 밤에 잠자리에 들 때 빈대라는 놈 때문에 잠을 잘 수가 없었다. 몸이 가려워 눈을 뜨고서 가려운 곳을 보면 엄청나게 많은 빈대들이 그의 몸에 붙어 피를 빨고 있는 것이다. 그래서 그는 잠도 제대로 자지 못하고 날을 새우게 되었다. 다음날 그는 머리를 쓴 나머지 양동이에 물을 담아서 식탁다리를 양동이에 넣고, 식탁 위에서 잤다. 빈대들이 다리를 타고 올라오다 떨어져 물에 빠져 죽었다. 결국 그날은 잠을 잘 잤다. 정주영 회장의 지혜는 빛났다.

그러나 그것도 그날 하루였다. 다음날 잠을 자는데 몹시 몸이 가려워서 일어나보니 이게 웬일인가? 가슴에 수없이 많은 빈대들이 붙어 있는 게 아닌가! 찾아보니 계속 천장에서 빈대들이 낙하하고 있던 것이었다. 이 빈대들은 포기하지 않고 벽을 타고 천장에 올라간 것이다. 끈질긴 빈대들의 지혜와 끈기를 보고 이런 것을 교훈 삼아 훗날 사업하는 데 큰 도움이 되어 빈대처럼 적극적 자세로 일하였다고 한다.

[전도인의 신조]

① 나는 할 수 있다.
② 나는 적극적이다.
③ 나는 용기가 있다.
④ 나는 끈기가 있다.
⑤ 나는 나의 능력을 믿는다.
⑥ 나는 나의 일이 자랑스럽다.
⑦ 나는 예수님과 함께한다.
⑧ 나는 나의 일로 하나님께 영광을 돌린다.

23. 자신을 완전히 믿어야 한다

전도인으로 성공하기 위해서는 자신을 믿어야 한다. 당신은 당신이 생각하는 것보다 위대하고, 강인하고, 부유하고, 고상하다. 당신은 당신 자신이 잉태되는 순간부터 '챔피언'이었다. 수억의 정자 중 한 개가 살아나 일등으로 골인하여 당신이 된 것이다.

당신은 성공하게 만들어졌다. 당신은 성공의 인자를 가지고 있다. 그 노다지(성공의 인자)를 개발하지 않고 70% 이상을 사장시키고 있는 것이 문제다. 창세기 1장을 보면, 하나님이 인간을 창조하실 때 자기 형상대로 만들고 심히 좋았더라고 했다. 얼마나 잘 만들어졌으면 만족해하셨을까! 당신은 위대한 존재이다. 당신의 위대성을 믿어야 한다.

당신은 당신이 하는 전도를 아주 잘할 수 있다. 당신이 마음먹기만 하면 말이다. 전도가 잘되게 하는 것도 당신이 만들고, 안 되게 하는 것도 당신이 만든다. 그 어느 환경에서도 당신이 자신을 완전히 믿기만 하면 어느 누구에게도 전도할 수 있다.

당신이 이번 달에 5명을 전도하지 못했을 때 당신에게 어떤 좋지 않은 일이 생긴다고 가정해 보자. 당신은 분명 할 수 있을 것

이다. 좋은 결과는 당신의 능력보다는 당신의 자세가 그렇게 만든다. 당신 자신에 대한 믿음, 당신의 일에 대한 믿음 그리고 그 일을 해 낼 수 있는 당신의 능력에 대한 믿음을 가져라.

당신은 그 산길을 갈 수 있다.

24. 성공은 활동의 결과이다

성공은 활동이 따르지 않으면 안 된다. 의지의 활동, 머리의 활동, 사려의 활동이 필요하다. 활동이란 일하는 것이다. 일이란 성공의 시작이자 중간이며 끝이다. 일하지 않는 사람에게 전도란 없다. 전도인은 자기가 하는 일의 분량에 정비례하여 전도 성적이 올라간다. '그 이상 더욱 조금만'이란 짧은 말은 무리를 제치고 높은 지위에 오른 사람을 훌륭하게 요약한 말이다. 즉 이런 사람은 남의 기대에 어긋나지 않는 일을 하고 '그 이상 더욱 조금만' 여분의 일을 한 사람들이다. 그들은 동료 누구에게도 지지 않는 일을 이루었을 뿐만 아니라 '그 이상 더욱 조금 더' 일을 해 낸 사람들이다.

"수많은 사람은 호기를 놓치고 있다. 그것은 호기란 뼛골 빠지게 일하지 않으면 도저히 얻을 수 없는 것이라고 생각하고 있기 때문이다."

'정상을 정복한다'는 것은 한 걸음 더 견실하게 걸어 나간다는 것이지 딛고 넘어서는 것은 결코 아니다. 성공의 전당에는 엘리베이터가 없다. 다만 한 계단 두 계단 오르는 계단이 있을 뿐이다. 순차적으로 위 계단으로 올라가는데, 올라가는 것을 중지하면 그곳에서 머물고 만다. 이 원칙은 전도인에게도 꼭 맞는다. 어느 조사 보고에 대하여 말해 보겠다.

20개 교회의 200명의 전도인에게 가장 우수한 전도인의 공통된 특질이 도대체 어떤 것이냐는 질문을 행한 적이 있다. '인격자'란 것이 제일 많은 회답이었고 '스스로 나아가고 하루를 충분히 일하는 기분을 가진 사람'이란 것이 두 번째로 많은 회답이었다.

25. 전도왕이 되는 비결 24가지

전도왕이 되려면 전도자와 피전도자 사이에 존재하는 갭(gap)을 메우고 전도자의 전도방법을 개선하는 아이디어가 필요하다. 당신을 전도왕으로 만들어 줄 비결을 소개한다.

1) 사진

상대가 원하는 것을 정확히 표현해 주는 사진 한 장은 수천 마디의 말보다도 가치가 있다.

당신은 전도 시 예수님의 사진과 교회 사진을 보여주며 말해야 한다. 왜 예수님이 이 땅에 오셨는가? 또한 자기 교회 사진을 보여주며 우리 교회의 사역과 담임목사님의 자랑을 열거한다. 그리하여 주목도 끄는 동시에 필요를 충족시켜 주는 확신을 갖게 만들어 준다.

2) 독특한 전도 화술

전도대상자(피전도자)의 가려운 데를 긁어 주어라. 그러면 상대는 교회에 나가고 싶은 욕망을 갖게 된다. 또한 예수님, 교회 목사님, 출석하는 성도님에 대해서 상대가 모르는 바를 설명해 주어라. 전도를 성사시키기 위해서 상대에게 말해 줄 어떤 색다른 것을 찾아내려 노력하라. 그리고 그것을 사용하라.

3) 전문가가 되어라

예수님, 자기 교회, 목사님에 대해서 되도록 많이 알아두어라. 전문가가 되면 당신은 예수님, 자기 교회, 목사님을 잘 설명할 수 있다. 교회에 나오도록 만들 수 있다. 3가지에 대해 상대(전도대상자)에게 확신을 시킬 수 있다. 대충 알아서는 곤란하다. 전문가가 되어야 한다.

4) 열의를 가지고 전도 대화를 하라

당신이 열의를 가지고 전도 대화를 하면 교회에 나가도록 만들

수 있다. 열의는 전염이다. 열의를 가지고 전도 대화를 하면 당신이 말하고자 하는 바를 전염시켜 전도를 성공으로 이끈다.

5) 적극적 자세가 전도를 성공시킨다

적극적 자세를 취하라. 직접적이고 독특하며 요령이 있어야 한다. 정직하고 성실한 태도로 예수님, 교회, 목사님의 특별한 자랑으로 예수를 믿으면 당신에게 어떤 이득이 있을 것이라는 점을 강조하라. 자신을 갖고 덤벼라. 그러면 당신은 이미 전도의 반은 성사시킨 것이나 다름없다.

6) 상대가 쓰는 말을 사용하라

상대가 이해할 수 있는 말로 이야기하라. 만일 상대가 특수 전문용어를 알고 있을 때는 그 말을 사용해도 좋으나, 그렇지 않을 경우에는 사용해서는 안 된다. 당신의 전도대상자는 정보를 원한다. 상대가 알아들을 수 있는 말로 그 정보를 제공하라. 일방적이 아니라 대화 형식이 되어야 한다.

7) 필요를 팔아라

예수님은 말할 것도 없고 우리 교회에 나오면 어떤 이점이 있는가를 분석해서 전도대상자가 꼭 필요한 교회라는 생각을 가질 수 있도록 계속 그 이점을 말해 주어라. 그러면 상대는 이 교회야말로 나에게 꼭 필요한 교회라는 확신을 갖게 될 것이다. 또 상대가 더욱 전도에 응하고 싶은 마음을 갖도록 상대에게 교회의 필요성을 말해 주어라.

8) 전도시간대

일반적인 전도인들은 오전 10시에서 오후 4시 사이에 전도 활동을 한다. 그러나 전도를 열심히 하는 전도인들을 보면 오후 늦은 시간에도 전도 활동을 한다. 전도왕들을 보면 그들은 다른 전도인보다 더 많은 시간을 이용해 전도대상자들을 만난다. 전도에 미쳐 있는 사람들이다.

9) 핵심을 찌르는 말

핵심을 찌르는 적극적인 말을 사용하라. 세상이 복잡하고 경제가 어렵고 문젯거리가 많은 사회에서는 "귀하께서는 교회가 쓸 일이 있을지도 모를 텐데요"라고 말하는 대신 "교회는 절실히 필요합니다!"라고 말하라. 좀더 강력한 전도용어를 사용하라. 말을 조금만 바꾸어도 결과는 아주 많이 달라질 수 있다.

10) 취약지역

전도인들이 거의 찾지 않는 지역을 찾아내라. 골목이나 뒷거리, 상업지역, 새로 생겨난 지역 등을 방문하라. 이런 지역들은 전도할 가능성을 지닌 대상자들로 가득 차 있다. 외딴 지역을 결코 등한시하지 말라. 당신의 교회에 나갈 가능성이 풍부한 지역이다.

11) 가장 우수한 전도의 비결

가장 우수한 전도의 비결은 '전도의 본질'을 이해하는 데서 시작된다. 모든 전도의 본질은 상대가 탐내는 것을 알아내어 그것이 당신의 교회 속에 들어 있음을 지적해 주면 된다.

12) 전도대상자의 이름과 직함을 사용하라

누구나 자신의 이름이나 직함이 불려지고 자주 되풀이되기를 바라는 법이다. 상대의 이름과 직함을 알아두어라. 그리고 즉각 사용하되 계속 되풀이하라. 정확하게 이름을 발음하라. 약간이라도 미심쩍으면 물어라. 전도대상자의 이름이나 직함을 여러 번 되풀이해서 사용하면, 상대는 감동을 받아 어쩌면 당신을 친구로까지 생각해 줄지도 모른다. 이 방법은 상대로 하여금 교회에 나가고 싶도록 만들어 줄 것이다.

13) 빨리 전도를 체결하라

전도가 거의 성사되어 가는 단계에 이르면 상대에게 전혀 색다른 종류의 질문을 던져라. 최근의 화제도 좋다. 그러는 동안 새신자 등록카드의 빈 칸을 채우기 시작하라. 상대가 카드 채우는 일을 보는 것에 적응하면, 보다 쉽게 결정을 이끌어낼 수 있을 것이다. 이것이 실수 없이 재빠르게 전도를 끝맺는 가장 쉬운 방법이다. 그러나 카드를 채우는 동안 계속해서 말하는 일을 잊어서는 안 된다. 이것은 일을 진행시키는 동안 호의적인 관계를 유지할 수 있도록 해 주기 때문이다.

14) 작은 선물

전도대상자가 필요한 것을 숙지한 후 서점에 들러서 전도대상자가 특별히 흥미 있어 하는 분야의 책을 한 권 사라. 취미생활에 관한 것이나 요리, 스포츠, 여행, 자기 수양에 관한 책도 좋다. 책은 상대에게 부담을 주지 않으면서도 상당히 효과적이다.

전도대상자에게는 수백만 원의 가치가 있다는 느낌을 주도록 하라. 직접 전해 주는 것도 좋고 부쳐 주는 것도 좋다. 영원한 친구와 교인을 동시에 만들 수 있다.

15) 스크랩하기

신문이나 잡지를 읽다가 당신의 전도대상자에게 도움이 될 만한 기사가 있으면, 스크랩해서 그 사람에게 보내 주어라. 끝에다 "당신이 좋아하실 것 같아서……"라는 짤막한 글귀와 함께 카톡이나 문자 등으로 보내 주는 것이다. 호의를 불러일으키고 우정을 싹트게 하는 데 도움이 될 것이다.

16) 목표를 설정하라

당신은 목표를 설정함으로써 당신이 갖고 있는 모든 가능성을 실현할 수 있다. 당신의 일과 전도기술에 대해 되도록 많이 알아두고 계속해서 배워라. 그리고 당신이 하루에 할 수 있는 일을 결정하라.

목표 설정을 위해서 차근차근 계획을 체크해 나가라. 높은 목표를 설정하라.

문제에 봉착했을 때는 모든 해결책을 적어 두어라. 그 문제점들에 초점을 맞추고 철저히 생각하라.

강력하고 전문가적인 자세를 가지고 대화를 하라. 다른 사람들의 생각과 아이디어를 받아들일 수 있어야 한다. 꼭 필요한 것을 목표로 설정해 놓고 상상력을 이용하고 그 목표를 달성하기 위한 노력을 기울여라. 직접적이 아닌 것은 되도록 제거해 버린다. 그리고 목표에 되도록 가까이 근접하라. 높이 오르되 멈추어서는 안 된다.

17) 만나기 힘든 사람을 만나라

거물급 전도대상자를 만나기는 힘들다. 그들은 바쁘기 때문이다. 그러나 그들도 사람이기 때문에 만날 수 있다. 쉽게 포기하지 말라. 추천서를 통해 만나든지, 찾아가서 또 찾아가서라도 만나라.

호랑이를 잡으려면 호랑이 굴 속에 들어가야 한다. 그러면 만족할 만한 성과를 얻어 올 수 있다.

18) 전도대상자의 가장 바쁜 시간대와 스케줄을 알아 두어라

전도를 성공시키려면 가망 전도대상자를 만나기 위한 방문 시간대를 사전에 알아내어 그 시간에 방문하여 즉시 전도 대화를 시작하라.

전도를 한다는 당신의 목적을 달성하기 위해서만 대화를 한다는 마음을 자제하라. 충분히 준비를 해 두어라. 그렇지 않으면 컨트롤을 하지 못할 것이다.

요령 있게 질문하고 대답하라. 연설조의 대화는 피하고 가능하면 객관적인 입장에서 전도 대화를 하도록 자제하라. 바쁜 사람의 시간을 고려하면 당신은 그의 존경을 얻어 내어 전도를 성공시킬 수 있다.

19) No를 Yes로 바꾸어라

상대가 기다렸다 결정하겠다든지 서둘러 교회에 나갈 필요가 없다든지 혹은 몇 주 내로 대답을 주겠다든지 하는 식으로 시간을 질질 끌려고 할지도 모른다. 이런 식의 거절은 "기다렸다 결정하실 수도 있지요. 그렇지만 일찍 나오면 나올수록 유익됩니다. 지금 결정하시면 하나님께서 더욱 사랑하시고 삶의 인도를 받습니다. 하늘에서도 잘되고 땅에서도 잘됩니다"라고 대응하라.

지금만이 당신이 교회에 나올 절호의 기회라는 점을 강조해서 말해 주는 것이다.

20) 뛰어난 전도 기술의 기본 법칙

전도 기술은 창조적인 활동이라고 하지만 거기에는 몇 가지 기본법칙이 있다. 이 기본법칙을 발견하려고 나는 우수한 전도인들과 많은 대화를 나누었다. 거기에는 6가지 최고 법칙이 있다.

① 자기만 이야기하는 것이 아니라 상대방에게도 이야기를 시킬 것. 즉 상담은 어디까지나 문답 형식으로 이루어져야 하며, 이야기의 독점을 피해야 한다.

② 전도대상자의 이야기를 중단시켜서는 안 된다. 만일 당신이 입을 열려면 반드시 상대의 이야기가 끝난 후라야 한다.

③ 이론을 앞세우는 태도는 피할 것 – 상대방에게 전도를 너무 강요해서는 안 된다.

④ 우선 상대방의 이야기를 듣고 나서 말하라. 상대의 잘못을 지적하기 전에 그가 생각하고 있는 것을 정확히 파악하라.

⑤ 상대방의 반대의견을 스스로 시정하도록 하라. 그리고 상대방보다 더 강력히 주장하라. 이것이 습관이 되면 상대방의 반대를 손쉽게 처리할 수 있다.

⑥ 대화의 중요한 포인트(요점)를 파악하고 거기서 벗어나지 않게 하라. 다른 이야기를 하거나 상대방의 이야기를 중단시키거나 반대의견 때문에 상담이 핵심에서 벗어나서는 안 된다.

이것은 당신을 전도에서 성공하게 만드는 기본법칙이다. 깊은 관심을 갖고 활용하도록 해 보라.

21) 실패에서 배운다

전도에 실패하는 원인 : 전도인들은 다음과 같은 결함으로 전도에서 실패한다.

① 그들은 여러 번 방문하지 않는다. 그들은 불과 몇 번 방문하고 그만둔다. 이에 대한 구제책은 좀더 자주 방문하고 좀더 전도하라는 것이다.

② 그들의 결함은 대화가 소극적인 데 있다. 그들은 상대에게서 100%의 관심을 끌지 못하였다. 당신이 신뢰할 수 있는 전도인이 되고 싶으면 우선 상대의 주목을 끌어야 한다.

③ 그들은 이야기가 너무 길다. 이야기가 길어서 도리어 전도대상자로 하여금 교회에 나가고 싶은 의욕을 상실케 한다.

④ 그들은 전도대상자들이 납득할 수 있는 사실을 이야기하지 않는다. 이것이 일반 전도인의 최대 결함이라고 많은 전도대상자들은 말하고 있다.

⑤ 그들은 대화에 열의가 부족하다. 이것이 일반적인 결함으로 신뢰할 수 있는 전도인은 모든 대화를 유리하게 끝맺으려고 정성을 다해 노력한다.

⑥ 그들은 자기의 시간을 잘 이용하지 못한다. 그리하여 모든 전도인이 갖고 있는 유일한 재산 – 그의 시간 – 를 낭비한다.

위 항목을 몇 번이고 반복하여 읽고, 만약 당신이 이 항목 중에 어떤 것이 자기의 결함이라고 인정되면, 오늘 즉시 그것을 고쳐라.

22) 당신의 교회로 전도를 구축하라

타 교회의 불합리한 점을 이용해 전도를 구축하려고 하지 말라. 결코 타 교회를 건드리지 말라. 대신 당신 교회의 자랑거리가 되는 특징과 이점 그리고 그것을 통한 혜택을 강조하라. 그리고 그것이 전도대상자인 당신에게 얼마나 적절한가 하는 것을 강조하라. 주변 다른 교회가 좋다는 것을 인정해 주고, 그 대신 당신의 교회가 좀더 좋다고 말하고, 더 많은 은혜를 받을 수 있다는 점을 말해 주어라.

23) 정직은 이익을 준다

정직하고 성실하라. 진실이 가장 확실한 전도비결이다. 당신의 전도대상자는 당신의 정직한 태도를 곧 감지해 낼 것이다. 당신은 당신의 주장을 뒷받침할 적절한 사실을 가지고 있어야 한다는 점을 명심하라. 이것은 정직한 느낌과 우호적인 감정을 창출해 내어 결국 전도를 성사시킬 것이다.

24) 반대의견에 대한 준비를 해 두어라

당신 자신은 항상 전도대상자들의 반대의견에 대한 준비로 무장하라. 만일 당신이 교회에 대해 철저히 알고만 있다면 당신은 전도대상자의 반대의견을 통해서 오히려 그에게 도움을 줄 수 있을 것이다. 전도대상자가 의심을 표명할 때 그는 교회에 나갈 준비가 되었기 때문일 수도 있다는 점을 명심하라.

그러므로 늘 반대의견에 대한 준비를 하고 그것들을 어떻게 처리해 낼 것인가 하는 방법을 숙지하고 있어야 한다. 만일 확신이 없거나 모호해지면 당신은 전도에 실패하게 되고 오히려 전도대상자가 반대의견으로 승리하게 될 것이다.

참고문헌

《내 인생을 바꾼 31일 전도습관》 이대희 지음, 브니엘, 2014.
《벌말교회 전도 이야기》 강대석 지음, 40출판사, 2014.
《전도 바이블》 하도균 지음, 예수전도단, 2014.

전도에 날개를 달아라

1판 1쇄 인쇄 _ 2016년 3월 11일
1판 1쇄 발행 _ 2016년 3월 18일

지은이 _ 곽준상
펴낸이 _ 이형규
펴낸곳 _ 쿰란출판사

주소 _ 서울특별시 종로구 이화장길 6
편집부 _ 745-1007, 745-1301~2, 747-1212, 743-1300
영업부 _ 747-1004, FAX 745-8490
본사평생전화번호 _ 0502-756-1004
홈페이지 _ http://www.qumran.co.kr
E-mail _ qrbooks@gmail.com / qrbooks@daum.net
한글인터넷주소 _ 쿰란, 쿰란출판사
등록 _ 제1-670호(1988.2.27)
책임교열 _ 오완·박신영

ⓒ 곽준상 2016   ISBN 978-89-6562-856-9 03230

책값은 뒤표지에 있습니다.
이 출판물은 저작권법에 의해 보호를 받는 저작물이므로 무단 복제할 수 없습니다.
파본(破本)은 구입처에서 교환해 드립니다.